Birgit Kasprik

Spiele für den Wickeltisch

Lustige Ideen zum Kitzeln und Schmusen, Strampeln und Greifen, Horchen und Spüren für alle Wickelkinder

Illustration: Anne Wöstheinrich

Ökotopia Verlag, Münster

Impressum

Herzlich danken möchte ich meiner Freundin Ruth Lewe für ihre hilfreichen Anregungen und Maya und Louis, die ich fotografieren durfte.

Autorin	Birgit Kasprik
Lektorin	text.[Marke] Katja Müllenmeister, Hamburg
Illustrationen	Anne Wöstheinrich, Münster
Satz	Hain-Team, Bad Zwischenahn
ISBN	978-3-86702-194-4

2. Auflage 2013

Inhalt

Einige Worte vorweg

In den ersten Lebensmonaten eines Babys und auch noch beim Kleinkind nimmt das Wickeln und Pflegen einen großen Stellenwert im Tagesablauf ein. Dann ist ihre Aufmerksamkeit immer sehr hoch, denn es passiert etwas und jemand beschäftigt sich mit ihnen. Neben dem Windelnwechseln und der Körperpflege sollte genügend Zeit vorhanden sein, in der die Kleinen in entspannter Atmosphäre viele intensive Erfahrungen machen, die die Entwicklung positiv beeinflussen können. Babys und Kleinkinder lernen so sich selbst und ihren Körper, aber auch ihre noch recht kleine Umwelt besser kennen. Die Ansprache und der körpernahe Kontakt bieten ihnen und dem Erwachsenen, seien es nun die Eltern oder eine andere Bezugsperson, die Möglichkeit zum intensiven Austausch und zum Bindungsaufbau, der für eine gesunde Entwicklung des Kindes genauso wichtig ist. Zudem erhält der Erwachsene einen Eindruck über das Wohlbefinden des Kindes.

Dieses Buch bietet einen großen Schatz an Spielideen, die auf dem Wickeltisch stattfinden können und die Situation rund ums Wickeln und Pflegen des Kindes bereichern. Basis hierfür ist eine Vielzahl von kleinen und einfachen Fingerspielen und Versen, die – sobald der Vorhang aufgeht und die Finger erscheinen – Babys und Kleinkinder gleichermaßen in ihren Bann ziehen. Viel Freude bereiten auch die vielen Berührungsspiele, bei denen die Erwachsenen die Kleinen mit ihren Händen oder Gegenständen sanft massieren oder verschiedene Körperteile berühren, denn Babys und Kleinkinder nehmen ihre Umwelt noch ganzheitlich, mit all ihren Sinnen wahr. Einfache Bewegungsanregungen und Wahrnehmungserfahrungen stärken zudem die Körperwahrnehmung und fördern das Körperbewusstsein. Das ist nicht nur für die Babys und Kleinkinder ein großes Vergnügen, auch die Erwachsenen freuen sich, wenn die Kinder über Spiele lachen und z. B. gespannt auf das Kitzeln warten.
Zur Unterstützung können kleine, selbstgebastelte Fingerpuppen zum Einsatz kommen, die in einem Körbchen zugriffsbereit am Wickeltisch verstaut werden. Passend zu den Versen finden sich zum Basteln der Puppen vielfältige Bastelanregungen im Buch. Jede Puppe hat eine eigene Spielgeschichte im Gepäck und wartet darauf, ausgewählt zu werden. So wird der Wickeltisch zum großen Theaterspaß für die Kleinen.

Neben den vielen praktischen Ideen soll zudem ein Einblick in die Bewegungs- und Wahrnehmungsentwicklung eines Kindes gegeben werden. So wird deutlich, warum und zu welchem Zeitpunkt bestimmte Spiele für die kindliche Entwicklung besonders wertvoll sind. Beschreibungen zur Einrichtung und Ausstattung des Wickeltisches runden das Angebot ab, regen zur eigenen Gestaltung an und helfen dabei, eine angenehme Atmosphäre beim Wickeln zu schaffen.
Alle genannten Spiele sind aus der langjährigen Arbeit in Eltern-Kind-Gruppen und im Kindergarten entstanden. Dabei handelt es sich sowohl um von Eltern und KollegInnen überlieferte als auch um eigene Texte und Spielideen. Eltern und ErzieherInnen von beeinträchtigten und behinderten Kindern sollen sich mit den beschriebenen Spielideen ge-

nauso bestärkt und ermuntert fühlen, die Bewegungs- und Wahrnehmungsentwicklung auch dieser Kinder positiv zu unterstützen.

So werden aus der ursprünglichen Pflegesituation auch eine erste Lernsituation und der Wickeltisch zu dem ersten Bildungsort des Kindes. Ein erster Anlass und eine Chance zu intensivem Austausch und Vermittlung von positiven Erfahrungen für das Kind und die Erwachsenen.

Einen Wickeltisch einrichten und ausstatten

Während der Wickelsituation können Erwachsene und Kinder viele positive und liebevolle Erfahrungen machen, die die ersten sozialen Bindungen anbahnen und Kindern Geborgenheit und Halt geben. Schon Emmi Pikler beschreibt den positiven Einfluss einer ansprechenden und ruhigen Pflegesituation auf Babys und Kleinkinder. Der Wickeltisch soll dabei zwar anregend gestaltet sein, andererseits soll aber Reizüberflutung vermieden werden.

Bei der Einrichtung eines Wickelplatzes sollten daher auch bestimmte grundsätzliche Regeln beachtet werden, die eine angenehme Atmosphäre und eine zweckmäßige Ausstattung beinhalten. Diese gelten sowohl für den privaten Bereich als auch für Kindergärten und Familienzentren.

Hinweis: Wer mehr zum Thema sicherer Wickeltisch in Kindertagesstätten erfahren möchte, findet bei der Landesunfallkasse wichtige Hinweise hierzu.

Aufstellen des Wickeltisches

Optimal ist ein Platz in einer Raumecke, wo eine Seite des Wickelbereiches bereits durch eine Wand begrenzt ist, sodass das Kind einerseits vor dem Runterfallen geschützt ist und sich andererseits durch die räumliche Begrenzung geborgen fühlen kann. Die Seiten des Wickeltisches sollten zudem über eine kleine Kante (von ca. 20 cm) verfügen.

Größe des Wickeltisches

Wenn genügend Platz vorhanden ist, sollte ein fest installierter und ausreichend großer Wickelplatz geschaffen werden. Da Babys bzw. Kleinkinder und die Erwachsenen hier viel Zeit miteinander verbringen, sollten sich beide wohl fühlen. Die Größe der Fläche sollte daher dem jeweiligen Kind anpassbar sein, sodass der gesamte Körper des Kindes aufliegt. In Möbelgeschäften werden für den privaten Bereich Wickeltische und Kommoden angeboten. Hierbei bewegen sich die Maßangaben bei der Breite zwischen 60 cm bis 100 cm, bei der Tiefe zwischen 70 cm bis 80 cm und bei der Höhe zwischen 80 cm bis 95 cm. Häufig wird eine Kommode mit einem Brett nach hinten verlängert und kann später als Schränkchen ins Kinderzimmer integriert werden. Andere Wickelmöglichkeiten werden als Badewannenaufsatz oder als kleine mobile Wickelgelegenheit angeboten.

Im privaten Bereich richtet sich die Auswahl des Wickeltisches danach, wo der Wickeltisch aufgestellt werden soll und wie viel Platz an dieser Stelle zur Verfügung steht. Wichtig ist hierbei, dass es sich um einen festen und ruhigen Ort handelt, damit das Baby bzw. Kleinkind sich nicht immer wieder auf einen neuen Platz einstellen muss.

In Betreuungseinrichtungen sehen die Größenverhältnisse häufig ganz anders aus, da hier viele Kinder unterschiedlichen Alters gewickelt werden. Auch hier gilt aber eine ergonomisch geeignete Arbeitshöhe von ca. 85 cm bis 95 cm. Um die Belastung des Personals in einer Einrichtung zu reduzieren und den Rücken zu schonen, gibt es verschiedene Formen von Aufstiegshilfen für das Kind. Bei Kindern, die eine körperliche Behinderung haben, bietet sich auch ein elektrischer Wickeltisch an, der höhenverstellbar ist.

Unterlage
Die Unterlage sollte abwaschbar sein und eine weiche Liegefläche haben. Die kann auf den Wickeltisch gelegt werden oder integriert sein.

Pflegeutensilien
Alle Pflegeutensilien (Windeln, Pflegetücher, Cremes, Öle für Massagen oder Spiele, Handtücher, Waschlappen) sollten in unmittelbarer und greifbarer Nähe untergebracht sein. Falls etwas mal nicht da ist, dann sollte das Baby oder Kleinkind lieber zum Holen mitgenommen werden, damit es nicht herunterfällt. Besser: Der Wickeltisch wird vor dem Wickeln einmal komplett auf die Ausstattung hin überprüft. Auch eine Waschmöglichkeit (optimalerweise auf gleicher Arbeitshöhe angebracht, um ein sicheres und ein rückenschonendes Handeln zu ermöglichen) und ein verschließbarer Windeleimer gehören hierher.

Hygienestandard
Gerade dort, wo viele Kinder gewickelt werden, müssen bestimmte Vorschriften zur Hygiene, zum Schutz der Kinder und Betreuungspersonen eingehalten werden. Zur vorgeschriebenen Mindestausstattung gehören:
- Einmal-Wickelunterlagen oder Einmal-Papierunterlagen
- Desinfektionsmittel
- Einmal-Handschuhe
- Handdesinfektion

Spielutensilien
Damit nicht zu viele optische Reize auf das Kind wirken, reichen ein Bild an der Wand oder ein Mobile über dem Wickeltisch völlig aus. So kann sich das Kind besser auf sich selbst und auf das, was mit ihm gemacht wird, konzentrieren. Ein Körbchen mit Fingerpuppen kann dem Kind bei Bedarf angeboten werden und bis dahin in einem Regal unter oder über dem Wickeltisch untergebracht sein.

Fingerpuppen selber basteln (Grundanleitung):
Die meisten Fingerpuppen werden ganz leicht aus Bastelfilz (30 cm × 20 cm), der in jedem Bastelgeschäft zu bekommen ist, gefertigt. Die einzelnen Filzstücke werden geklebt oder genäht. Das Zusammennähen der zugeschnittenen Teile wird mit einem einfachen Stickstich („Überwändlicher Stich") durchgeführt. Dazu wird auf einer Seite in den Stoff gestochen und der Faden dann über den Rand auf die andere Seite geführt, um dort wieder eingestochen zu werden.
Bei allen Fingerpuppen werden eine Schere, Filzstift und Pauspapier sowie eine Sticknadel (mit größerem Loch) benötigt. Alle weiteren Materialien werden jeweils in den verschiedenen Bastelanleitungen im Buch aufgeführt.
Zu Beginn werden die Vorlagen auf das Pauspapier und dann auf den Bastelfilz übertragen.

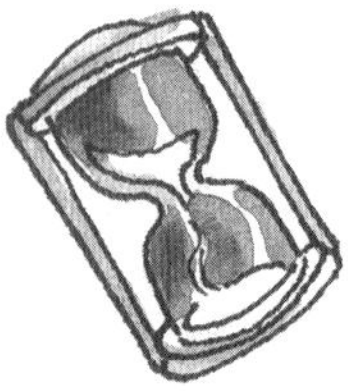

Kleine Einführung zur Entwicklung vom Fötus zum Kleinkind

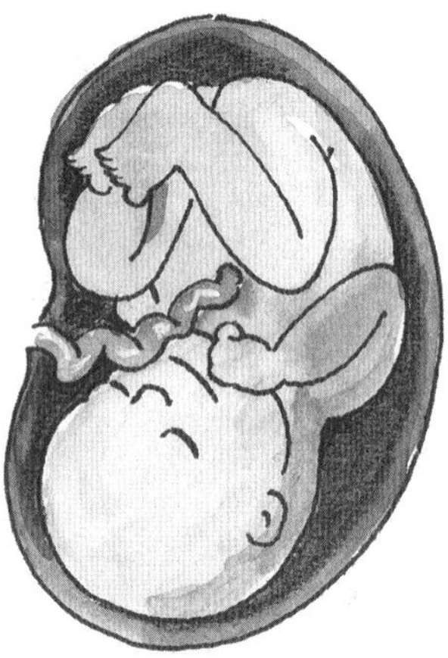

Das Baby entwickelt sich gut! Diese Einschätzung der Ärzte beruhigt alle Eltern, die ihr Baby oder Kleinkind zur Vorsorgeuntersuchung bringen. Doch was genau entwickelt sich da eigentlich? Es wächst, das sehen wir, aber was passiert da noch? Babys und Kleinkinder entwickeln gleichzeitig ihre Wahrnehmung und Bewegung, ihre Sprache und sozialen Fähigkeiten. Schauen wir genau hin, dann können wir täglich kleine Veränderungen entdecken.

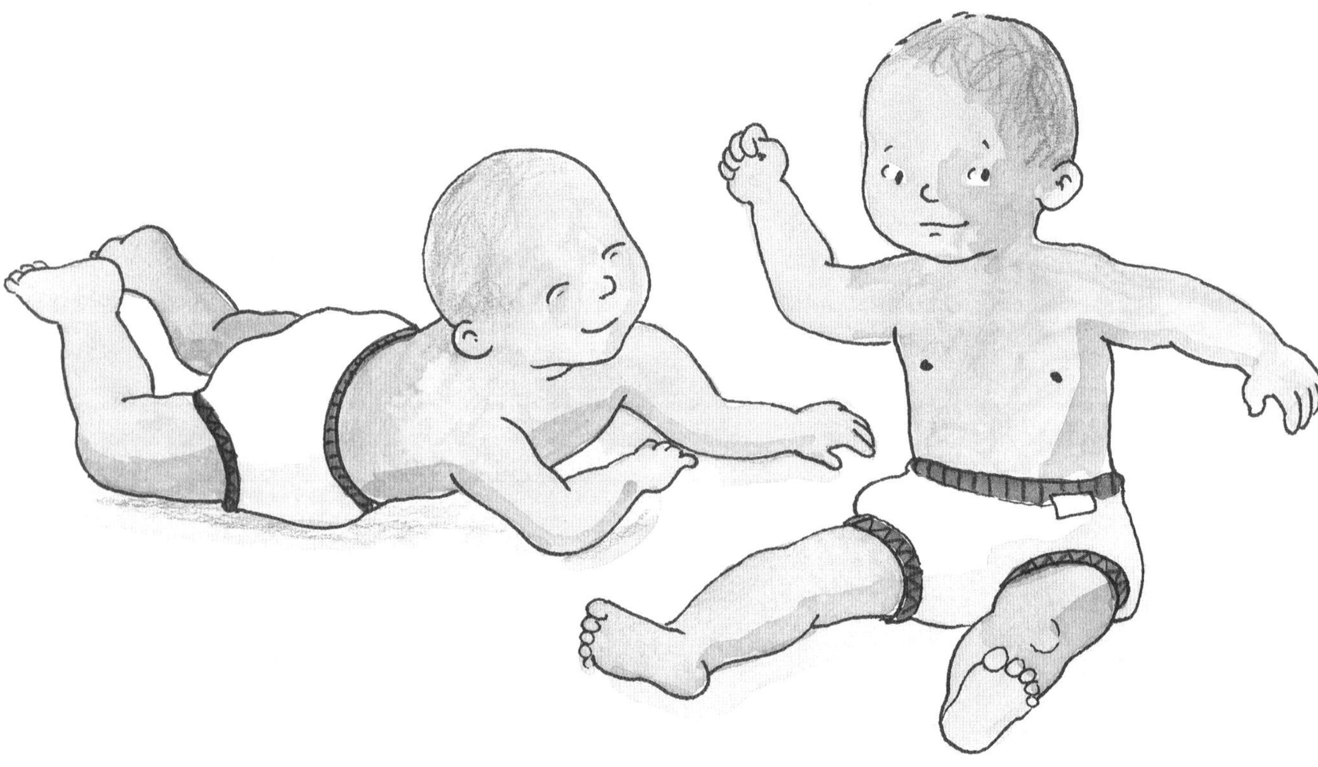

Bei der Entwicklung bilden Wahrnehmung und Bewegung eine wechselseitige Einheit, denn die handelnde Auseinandersetzung mit der Umwelt über Bewegung erfolgt über die Wahrnehmung der Umweltreize. Dabei richtet sich die Bewegungsentwicklung nach den individuellen Bedürfnissen und der tatsächlich vorhandenen Umwelt und wirkt so auf die Wahrnehmung, die Kognition, die Sprache und das Sozialverhalten ein. Werden Babys bzw. Kleinkindern Anreize gegeben, die ihrem Entwicklungsstand entsprechen, wird ihre Motivation geweckt; sie handeln und werden aktiv.

Schon während der Schwangerschaft hat die Bewegung eine große Bedeutung für die kindliche Entwicklung. Bereits in der Fruchtblase spürt der Fötus die Körperbewegungen der Mutter. Wissenschaftliche Untersuchungen haben gezeigt, dass der Fötus bereits im Mutterleib seine verschiedenen Sinnesbereiche stark ausbildet. Unsere Sinne haben in der Entwicklung eine wichtige Aufgabe, denn ohne Wahrnehmung kommt es zu keiner Bewegungshandlung. Es ist ein ständiges Wechselspiel. Gerade der kinästhetische, taktile und auditive Bereich sind schon im Mutterleib fast optimal entwickelt und bilden eine grundlegende Basis für die weitere kindliche Entwicklung nach der Geburt. Das kinästhetische Sinnessystem ist schon im fünften Schwangerschaftsmonat vorhanden und ermöglicht dem Fötus, alle Körperbewegungen der Mutter mitzuempfinden, da er über dieses Wahrnehmungssystem Informationen über seine Lage im Mutterleib erhält, denn hier bewegt er sich anfangs noch leicht und schwerelos. Dieses Spüren von Schaukelbewegungen im Fruchtwasser sind also eine Art Urempfindung und vielleicht der Grund dafür, dass Schaukelbewegungen Kinder beruhigen. Auch der Tastsinn ist schon vorhanden. Jede Bewegung der Mutter bewegt das Kind nicht nur sanft hin und her, sondern es spürt dabei seinen Körper und erfährt Druck an den Körperteilen. Berührungen von außen kann es durch Tasten und Drehen des Körpers zur berührten Stelle erwidern. Eine erste einfache Kommunikation ist entstanden. Auf auditive Reize wie vertraute Stimmen oder Musik reagiert das Kind mit einer Bewegungsantwort. Aber auch die anderen Bereiche der menschlichen Wahrnehmung wie das Riechen und Schmecken werden ausgebildet, wenn sie auch noch eine untergeordnete Rolle spielen. Diese erhalten erst später eine Bedeutung, sobald das Baby Materialien auch tastend über den Mund und über den Geruch wahrnimmt.

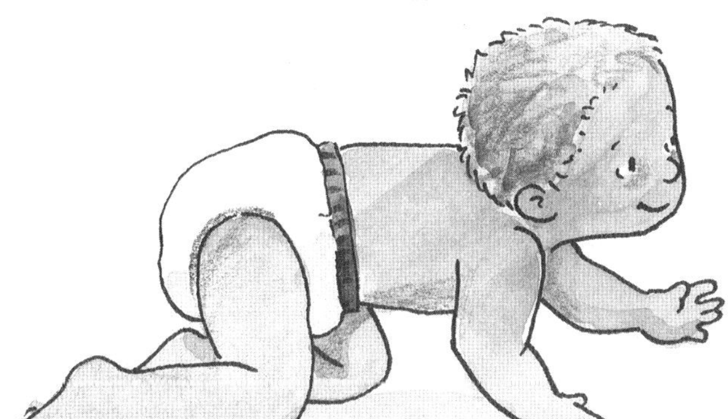

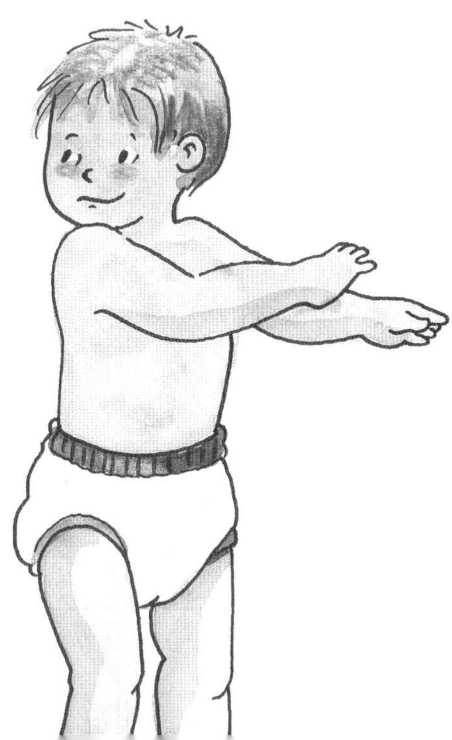

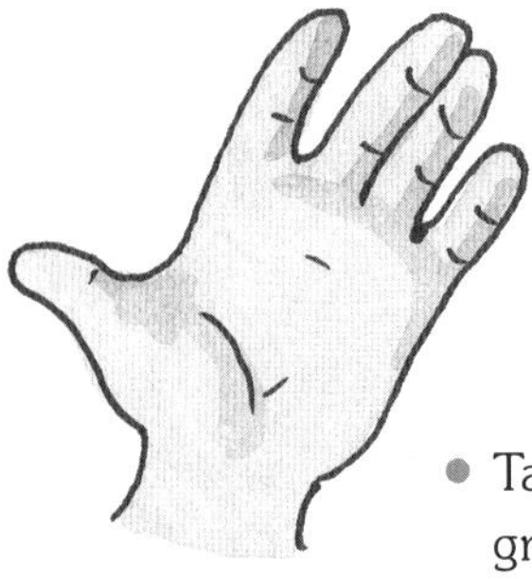
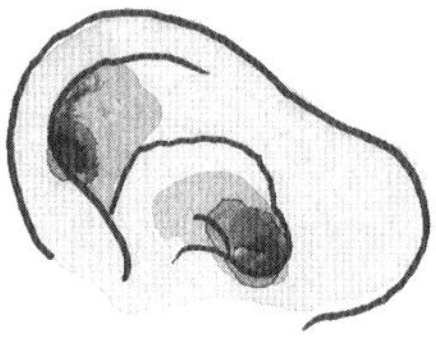
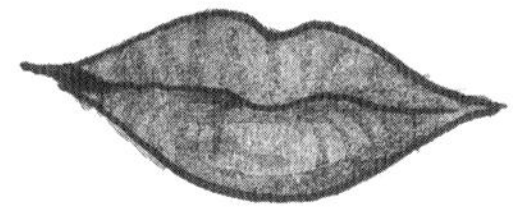
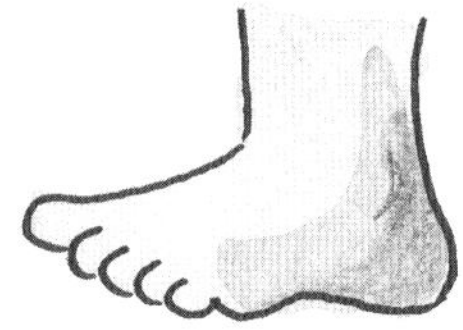

Übersicht der Sinneswahrnehmung

- Taktile Wahrnehmung: Wahrnehmung der Umwelt, die an den Körper grenzt. Taktile Reize können über die Hände (haptisch) oder über den Körper (somatisch) wahrgenommen werden. Taktile Reize können z. B. Berührungen, Temperatur, Gewicht, Oberflächenbeschaffenheit, Form, Größe und Konsistenz sein.
- Kinästhetische Wahrnehmung: Die Eigenwahrnehmung des Körpers wird durch zwei Bereiche hervorgerufen:
  1. Gleichgewichtssinn (vestibuläre W.): Körperbewegungen in Ruhe, Bewegungsänderung und Schwerkraftempfindung
  2. Tiefenwahrnehmung (propriozeptive W.): Das Empfinden der Körperlage aufgrund von Stellung der Gelenke, Muskeln und Sehnen und der Bewegungsempfindung
- Auditive Wahrnehmung: Die Aufnahme von Tönen über das Ohr wie Tonhöhe, Klänge, Lautstärke, Geräusche, Sprache und Lokalisation der Geräuschquelle
- Optische Wahrnehmung: Visuelle Reize wie Helligkeit, Farbe und Form, die auf das Auge treffen und zum Gehirn weitergeleitet werden. Dies führt zur Beurteilung, Einordnung und Lage von Dingen und Lebewesen in der Umgebung.
- Gustatorische Wahrnehmung: Reize, die über die Zunge und das Schmecken aufgenommen werden. Babys erhalten hierdurch viele Informationen über die Beschaffenheit von Materialien und Lebensmitteln und entwickeln ihren Geschmackssinn.
- Olfaktorische Wahrnehmung: Reize werden über die Nase und das Riechen aufgenommen. Ein Baby erkennt seine Bezugspersonen auch am Geruch, daher sollte der Eigengeruch des Menschen nicht durch künstliche Gerüche überdeckt werden, denn diese würden die kindliche Wahrnehmung überfordern. Später überprüft das Geruchssystem die Umgebung des Menschen und die Nahrung und schützt so vor schädlichen Einflüssen.

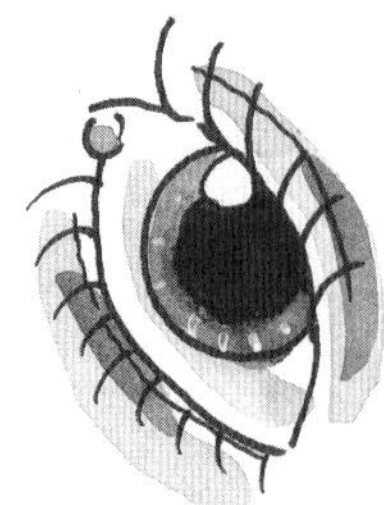
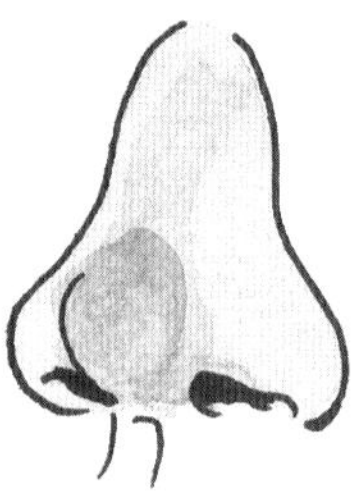
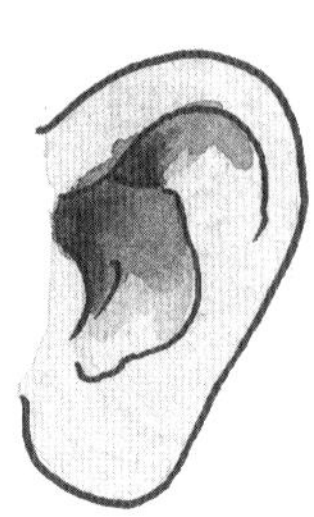
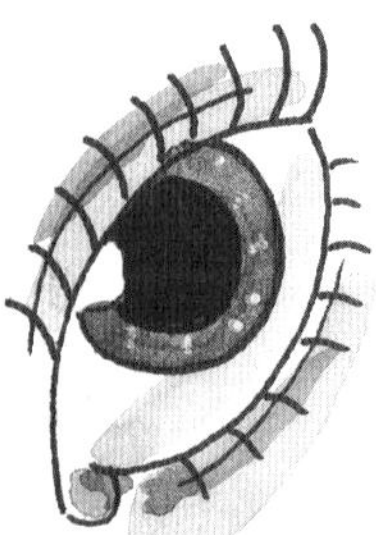
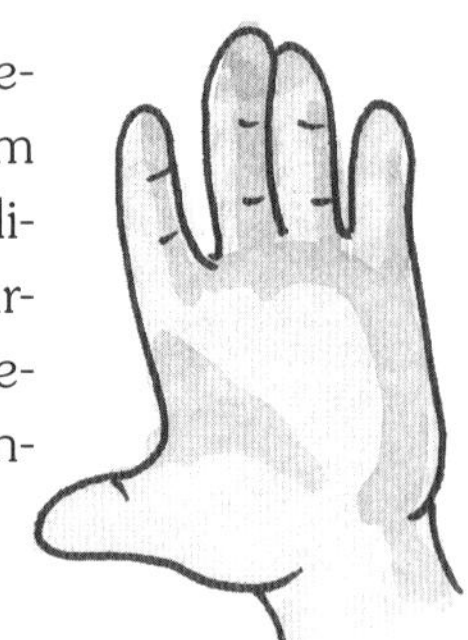
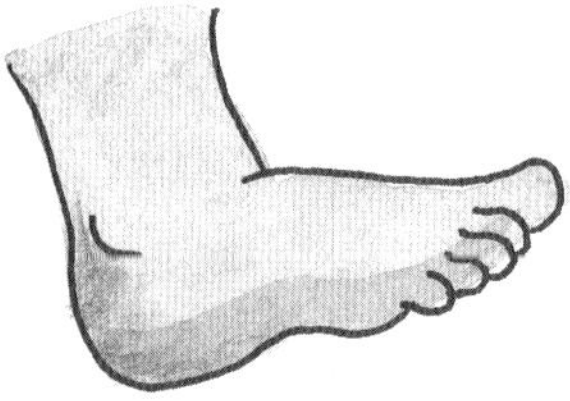
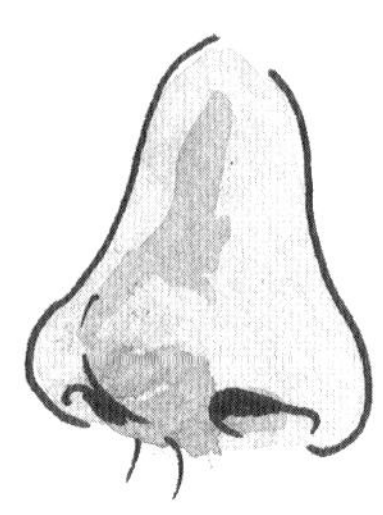

Doch dann kommt es zur Entbindung und eine Vielzahl neuer Reize strömt auf das Neugeborene ein. Seine bisher gut funktionierende Wahrnehmung muss sich nun auf die neue Situation einstellen und sich wieder daran anpassen. Für das Neugeborene ändert sich seine Umwelt schlagartig, denn das Empfinden der Schwerkraft wirkt nun auf das Kind. Der Säugling ist in den folgenden Monaten ganz und gar damit beschäftigt, ein funktionierendes Wahrnehmungssystem aufzubauen und seine Empfindungen und Bewegungen neu darauf einzustellen. Viele Kinder sind aus diesem Grund in der ersten Zeit noch nicht richtig auf der Erde angekommen und zeigen ihr Unwohlsein in unterschiedlicher Weise. Ein Liebkosen des Babys, in den Arm nehmen und liebevolle Berührungen des Körpers geben dem Kind ein sicheres Gefühl und lassen es Begrenzungen spüren. Ausgerichtet auf die neuen Lebensumstände (insbesondere das Wahrnehmen der Schwerkraft), ist das Kind damit beschäftigt, seine Wahrnehmung und Bewegung zu verbessern. Hierfür nutzt der Säugling seine Fähigkeit, über Schreien, Lächeln und Bewegungen mit seiner Umwelt in Kontakt zu kommen. Selbstständig seine Körperlage verändern, um andere Sichtweisen einzunehmen, kann er noch nicht. Dabei können die Eltern oder andere Bezugspersonen ihn unterstützen, indem sie ihn schaukeln, tragen, lagern, streicheln und massieren, ihm Bewegungsfreiheit geben, mit ihm spielen, um ihm so die Möglichkeit zu verschaffen, Bewegungen des Körpers zu erfahren. Auf diese Weise entdeckt der Säugling in der nächsten Zeit seinen Körper, er entwickelt ein Bild von sich selbst und lernt sich kennen. Bei jeder Bewegung erhält sein Gehirn wichtige Informationen, die zur Verbindung der einzelnen Nervenzellen untereinander führen und das Gehirn weiter ausdifferenzieren. Alle Sinneseindrücke werden hier aufgenommen, vom Gehirn verarbeitet, aussortiert und zugeordnet und mit einer Bewegungshandlung beantwortet. Erhält das Kind ausreichend Zeit und Anreize, um ausgiebig zu erkunden und zu wiederholen, dann kann es aktiv Sinneseindrücke und Erfahrungen sammeln. Wahrnehmung, Bewegung und Handlung sind erste Möglichkeiten und Mittel der Erkenntnisgewinnung.

Diese vielfältigen Informationen bilden die Grundlage der kognitiven Entwicklung. Gerade in den ersten Lebensjahren können Erwachsene diese Bildungsprozesse bei den Kleinen durch pädagogische Impulse unterstützen, indem sie dem Baby und Kleinkind erweiterte Erfahrungsräume und bereichernde Entwicklungsmöglichkeiten bieten. Gerade die Pflegesituation am Wickeltisch bietet hierfür einen ersten Bildungsort und somit gute Möglichkeiten, um seine Sinne zu schulen, denn Babys und Kleinkinder lernen über zwischenmenschliche Beziehungen. Die Erwachsenen können Begabungen der Kleinen entdecken und ihre Potenziale wecken. Das individuelle Befinden ist dabei grundlegende Voraussetzung für seine positive Entwicklung. Dies gilt auch für beeinträchtigte Kinder, die hier liebevolle Unterstützung bedürfen, um gleiche Erfahrungen machen zu können.

Die Bewegungsentwicklung ist ganz individuell, denn jetzt kommt ein Prozess in Gang, der sowohl von den Aktivitäten des Kindes, als auch von den Reizen der Umwelt mitgestaltet wird. Ein gewaltiges Ereignis, das hier stattfinden wird. Die Zeitspanne zwischen den einzelnen erworbenen Bewegungsmustern kann dabei jedoch bis zu einige Monate betragen. Viel wichtiger ist demnach die Frage, hat das Baby bzw. das Kleinkind Freude, Zeit und Möglichkeit, aus eigenem Antrieb seine Welt zu erforschen?

Was können und brauchen Babys und Kleinkinder in der Wickelzeit?

Daher lässt sich gerade die Wickelzeit intensiv dazu nutzen, die Entwicklung der Babys und Kleinkinder positiv zu unterstützen. Dabei bilden sich im Laufe des ersten Lebensjahres drei wichtige Meilensteine heraus:

1. Fähigkeit des Greifens
2. Fähigkeit, in eine aufrechte Position zu gelangen
3. Fähigkeit, sich fortzubewegen

In den folgenden Kapiteln werden verschiedene Spielanregungen vorgestellt, die das Erreichen dieser Meilensteine unterstützen und die Pflegesituation auf dem Wickeltisch bereichern.

Bereits direkt nach der Geburt kann das Neugeborene auf Empfindungen mit Bewegungen reagieren, wobei es jedoch noch nicht unterscheiden kann, wo es berührt wurde. Das Kind wird in den nächsten Monaten erst seinen Körper entdecken und ein Bild von sich selbst entwickeln.
Viele primitive Reaktionen wie der Saug- und Atemreflex sind jetzt vorhanden und spielen eine wichtige Rolle, da sie das Dasein des Kindes sichern. Während z. B. der Atemreflex ein Leben lang erhalten bleibt, verschwinden einige primitive Reaktionen, wie z. B. der Greifreflex, bereits einige Monate nach der Geburt, da sie sonst reiferen Handlungs- und Bewegungsmustern im Weg stehen würden. Das Verschwinden bestimmter Reflexe wird von Kinderärzten im Rahmen der Vorsorgeuntersuchungen im Kindesalter überprüft.
Diese ersten primitiven Reaktionen sind die ersten wichtigen Anfänge in unserer Bewegungsentwicklung. Sie sind Voraussetzung für die Entwicklung der Handfunktion und des Laufens, für das spontane Abstützen zum Schutz des Kopfes und für ein Gefühl für die richtige Muskelspannung im Körper. Aber auch für die Nahrungsaufnahme und Sprachentwicklung spielen die frühkindlichen Reaktionen eine wichtige Rolle.
Das Neugeborene kann auf die verschiedenen Reize reagieren und dabei seinen gesamten Körper unkoordiniert und ziellos bewegen. Der gesamte Körper des Neugeborenen, auch die Finger und Zehen, nehmen noch eine Beugehaltung ein.

Im ersten Lebensmonat kann das Neugeborene seinen Kopf in der Bauchlage kurz anheben (ca. für 3 Sekunden). Eine Kopfkontrolle ist noch nicht vorhanden und erfordert einen rücksichtsvollen Umgang mit dem Kind.
Die Wachphasen des Säuglings sind sehr kurz und er benötigt immer wieder Erholungsphasen, um im Schlaf die gemachten Eindrücke zu verarbeiten. Dieses Bedürfnis wird auch in den nächsten Jahren eine große Bedeutung für die Verarbeitung der Sinneseindrücke haben, denn die Wachphasen werden länger und die Reizaufnahme nimmt zu. Im Moment spielen viele Körperkontakte und Berührungen, die liebevolle Ansprache und das Halten eine wichtige Rolle, denn sie stärken das Urvertrauen des Kindes. Vertraute Stimmen und ein Blickkontakt bei der Ansprache ermöglichen zudem das gegenseitige Kennenlernen. Säuglinge erkennen Gesichter und großflächige Muster im Abstand von 25 cm bis 40 cm am besten. Um eine Veränderung seiner Kör-

perlage zu erlangen, ist der Säugling noch vollkommen auf seine Bezugsperson angewiesen. In der Bauch-, Rücken- und Seitenlage und beim Tragen und Schaukeln nimmt das Kind dann seinen Körper wahr und erhält Informationen für das Gleichgewichtssystem. Der körperliche Kontakt und die Wahrnehmung mit allen Sinnesbereichen sind der Motor der kognitiven Entwicklung des Menschen. Spiele auf dem Körper des Säuglings und Bewegungsanregungen lassen ihn schon hier wichtige Erfahrungen sammeln.

Gegen Ende des 2. Lebensmonats nimmt die allgemeine Beugehaltung des Körpers ab und das Kind streckt sich. Auch die Hände sind nicht mehr so häufig zur Faust geballt und öffnen sich. Der Säugling erkennt seine Bezugspersonen und zeigt ein erstes Lächeln, er reagiert so auf Stimme und Gesicht. Erste Babymassagen, kleine Lieder und einfache Fingerspiele ermöglichen in der Wachphase ein erstes Spiel und den Aufbau einer engen Bindung zwischen den Erwachsenen und dem Kind. Einfache Fingerspiele, die wiederholt gezeigt und gesprochen werden, sprechen zudem die akustische und optische Wahrnehmung des Babys an. Der Klang der Stimme der Bezugsperson gibt dem Baby zudem ein sicheres Gefühl. Das Hören der Sprachmelodien der gesprochenen Wörter unterstützt es in seinen Bemühungen, eigene Sprache zu entwickeln, denn das Baby wird interessiert zuhören. Um dieses Hören zu ermöglichen, ist eine ruhige Umgebung – vor allem auch rund um den Wickeltisch – notwendig, da das Baby sonst seine Aufmerksamkeit nicht auf bestimmte Stimmen richten kann und durch zu viele Geräusche verwirrt wird. Der ursprüngliche Saugreflex kann vom Baby jetzt gewollt unterbrochen werden, sodass es seine Mundfunktionen zu beherrschen lernt. Diese Fähigkeit ist die Voraussetzung der Sprachentwicklung, die nun mit der Bildung erster Laute wie „a“, „i“, „u“, „e“ einsetzt. Auch die eigenen Hände des Babys rücken in sein Blickfeld und es kommt zum ersten zufälligen Kontakt.

Im 3. Lebensmonat kann das Baby seinen Kopf in der Bauchlage bereits für eine Minute aufrecht anheben und seinen Oberkörper zum Ellbogenstütz heben. Eine dünne Handtuchrolle, unter den Oberkörper des Babys geschoben, kann hierzu einen kurzzeitigen Impuls geben, um den Kopf kurz anzuheben und die Rückenmuskeln zu stärken. In dieser Position kann es Personen im Raum mit seinen Augen verfolgen oder zu einer Geräuschquelle blicken. Die Bewegungen von Auge und Hand werden schon besser aufeinander abgestimmt, sind aber noch ziellos. Das Kind spielt ausgiebig und konzentriert mit den eigenen Händen und versucht Gegenstände, wie z. B. den in der Spielmaterialsammlung beschriebenen Klingelhandschuh, zu ergreifen. Beim Vorsingen und Spielen von Streichel- und Fingerspielen am Wickeltisch zeigt das Baby ausgelassene Freude. Jetzt benötigt das Baby auch Zeit, um mit seinen Lauten zu antworten. Die erste verbale Kommunikation beginnt.

Im 4. Lebensmonat spielt das Baby noch intensiver mit seinen Händen. Es ergreift etwas, beobachtet seine Hände dabei genau und steckt es in den Mund. Das Ertasten über den Mund wird als neue Möglichkeit entdeckt, liefert ihm weitere Informationen über seine Umwelt und regt so verschiedene Gebiete im Gehirn (Hirnareale) an, die bestimmten Aufgaben bei der Wahrnehmung, Bewegung, Kognition und Sprache zugeordnet werden. In der Rückenlage ergreift es Dinge gezielter, hält diese fest und kann Dinge auch von Hand zu Hand weitergeben. Selbst gebastelte Greifmaterialien, wie im Kapitel Spielmaterialien

beschrieben, können hierbei unterstützend zum Einsatz kommen. Dabei überkreuzt das Kind seine Körpermitte. Die Greifversuche werden gezielter und es kann willkürlich etwas ergreifen und festhalten, sodass der Greifreflex nun erloschen ist.
Die Bauchlage ermöglicht dem Kind, sich im Unterarmstütz aufzurichten und dabei sein Gewicht auch auf eine Seite zu verlagern. Es hat auch gelernt, selbstständig Geräusche mit seiner Stimme und seinem Körper zu erzeugen, und kann Geräusche durch Schütteln einer Rassel oder Berührung eines Mobiles auslösen. Es übt die Koordination von Auge und Hand und seine Aufmerksamkeit wächst. Es spielt mit den selbst erzeugten Lauten wie „m", „b", „p" und erkennt Lieder, Fingerspiele und Spiele, die auf dem Wickeltisch wiederholt werden, wieder. Seine Freude zeigt das Kind sowohl durch strampelnde Bewegungen von Armen und Beinen als auch durch Mimik und Stimme. Das Baby erkennt nun eine kommunikative Absicht von Worten und Zuwendung. Es versteht auch, dass es durch seine Laute auf sich aufmerksam machen kann.

Bisher konnte das Kind seine Umwelt nur in einer liegenden Position wahrnehmen, doch nun entwickelt sich (etwa zwischen dem 5. und 7. Lebensmonat) die Fähigkeit, sich über die Rücken- oder Bauchlage zur Seite zu drehen. Das Baby wird sich nun ganz bewusst zu einer Seite drehen können, wenn es dort etwas Interessantes wahrnimmt. Auch hierzu gibt es Spielanregungen, die die akustische und optische Wahrnehmung ansprechen. Diese Möglichkeit eröffnet nicht nur neue Sinneseindrücke, sondern es ist auch der Beginn des selbstständigen Erreichens einer neuen Liegeposition. Spätestens jetzt ist auch der Zeitpunkt gekommen, das Baby niemals unbeaufsichtigt auf dem Wickeltisch liegen zu

lassen, da es sich nun selbstständig vom Wickeltisch herunterdrehen kann.
Das Kind schenkt allen Reizen seiner Umgebung interessiert seine Aufmerksamkeit und wird Gegenstände genauestens untersuchen. Verschiedene Sinneseindrücke sind gut und wichtig, aber sollten nicht überfordern. Es kann Dinge jetzt von Hand zu Hand geben, um diese von allen Seiten zu betrachten, und greift in das Gesicht der Bezugsperson. Auf dem Wickeltisch ist das Kind aktiv, nimmt bei Kitzel- und Streichelspielen seinen Körper noch intensiver wahr und entdeckt seine Füße. Bei der Auswahl der Lieder und Verse reichen wenige Spiele aus, die dafür aber wiederholt werden. Die bessere Körperwahrnehmung und größere Aktivität bewirkt auch eine Kräftigung der Muskulatur, sodass es sich in der Bauchlage hochstützen oder Arme und Beine in einer Art „Fliegerposition" von der Unterlage abheben kann.

In den folgenden Monaten (7. bis 10. Monat) kann sich das Kind gut in Bauchlage auf die

gestreckten Arme stützen. Über die Seitenlage gelangt es nun ganz allein in den Sitz, der ersten aufrechten Haltung. Das selbstständig erreichte Sitzen ist die Voraussetzung dafür, diese Position auch wieder verlassen zu können, ohne umzukippen. Ein zu frühes Hinsetzen des Babys würde diese Entwicklung nicht unterstützen, denn sowohl die Muskelkraft und der Körperbau als auch die Reifung des Gehirns sind noch nicht ausreichend entwickelt und würden das Baby überfordern. Die Beweglichkeit des Kindes nimmt insgesamt zu. Es kann sich drehen und auf dem Bauch rutschen, wenn es mit den Händen schiebt. Es entdeckt mehr und mehr seine Umgebung und hat Freude daran. Ein Wiederholen von Spielen auf dem Körper und einfache Bewegungen bringen Lust am Tätigsein und Erfahrungsgewinn.

Das Baby sollte jetzt so viele Erfahrungen sammeln, wie es kann, und dabei merken, welche unterschiedlichen Eigenschaften die Materialien und Dinge haben. Das Erkundungsverhalten über den Mund nimmt ab und das Begreifen, Betasten und Hantieren nimmt an Bedeutung zu. So erweitern sich Sinneswahrnehmung und Erfahrungsraum, wozu die Erwachsenen Anreize und Impulse setzen können. Die Aufmerksamkeitsspanne des Kleinkindes ist jedoch noch sehr gering und sollte sensibel beachtet werden. Dreht es sich weg, ist das ein eindeutiges Rückzugssignal und es muss die gemachten Erfahrungen erst einmal verarbeiten. Die Aufmerksamkeitsspanne kann nicht verlängert werden, sodass darüber hinausgehende Reize es überfordern. Das Kleinkind wird immer aktiver und es entstehen erste Formen der Fortbewegung. Der Erwachsene kann jetzt Impulse setzen und es zur selbstständigen Bewegung motivieren. So können auch zukünftige Bewegungsformen, wie z.B. das Krabbeln, durch Anregungen vorbereitet werden (vgl. Bewegungsspiele für kleine Leute). Neben den Aktionen auf dem Wickeltisch benötigt das Kind jetzt aber auch Gelegenheiten, um verschiedene Fortbewegungen zu erproben. Der Stütz in der Seitlage ermöglicht nicht nur einen neuen Blickwinkel,

sondern auch das Hantieren mit Spielmaterialien. Nun kann das Kind durch aktives Drehen um die eigene Achse seine Körperlage verändern, sodass eine rollende Fortbewegungsmöglichkeit entstehen kann. In der Bauchlage, mit Stütz auf den Händen, ist das Kind jetzt auch in der Lage, sich wie ein Kreisel um sich selbst zu drehen. Aus dieser Lage heraus entsteht möglicherweise auch ein Zurückschieben, Robben, Hin- und Herschaukeln und Krabbeln. Es kann auch über die Seitlage in den Sitz gelangen. Dabei lernt das Kind, seine Muskeln zu trainieren und das Gleichgewicht zu halten, denn es wechselt ständig von einer instabilen in eine stabile Position. Jedes Kleinkind wird dabei sein Bewegungsverhalten an seinen eigenen Entwicklungsplan anpassen. Schon bald wird es in der Lage sein, seinen Standort eigenmächtig zu verändern und sich fortzubewegen. Es kann frei sitzen und in dieser Position Dinge erkunden und Personen beobachten. Dabei hat es Freude daran, Dinge auszuräumen und mit Materialien zu hantieren. Es kann einen Ball anschubsen und möchte den Ball zugerollt bekommen. Es hat die Erfahrung gemacht, dass es selbst etwas auslösen kann und versteht einfache Aufforderungen wie Winken, Klatschen und Zeigen, wie groß es ist. Das angebotene Spiel ist für das Kleinkind Mittel zum Zweck, um Erkenntnisse über Ursache und Wirkung zu erlangen und auch das Erlernen der Sprache mit einzubeziehen. Es bildet Laute wie „mamama" und „papapa" und wird diese auch bald seinen Eltern zuordnen können. Auch weiß es, wer zur Familie und zum Freundeskreis gehört, und es kann seinen Namen sich selbst zuordnen. Gegenüber fremden Personen reagiert es zurückhaltend oder es schreit verunsichert. Der passive Wortschatz und das Wortverständnis haben mittlerweile sehr zugenommen. So kann es auch beim An- und Ausziehen richtig mithelfen, denn es versteht Aufforderungen. Gleichzeitig wird jedoch das Windelnwechseln sehr anstrengend, denn es kann sich jetzt selbstständig und schnell interessanten Dingen zuwenden.
Durch koordinierte Arm- und Beinbewegungen wird sich das Kleinkind krabbelnd fortbewegen oder auch andere Wege der Fortbewegung wie Robben und Rutschen finden. Dabei stärkt es seine Muskeln und Knochen und übt das harmonische Zusammenspiel sämtlicher Körperbewegungen. Mit der Möglichkeit des selbstständigen Bewegens im Raum entwickelt sich die Fähigkeit, sich räumlich zu orientieren. Zu seiner Bezugsperson nimmt das Kleinkind dann immer wieder Blickkontakt auf und sucht so Vertrautheit und Sicherheit. Mit dieser Sicherheit kann es sich dann an Möbeln hochziehen, dort stehen und den Erwachsenen aus dieser Position ins Spiel einbeziehen. In dieser neuen Position übt es seinen sicheren Stand und trainiert sein Gleichgewicht.

Etwa ab dem 11. Lebensmonat beginnt das Kleinkind dann, an Möbeln entlangzugehen, indem es sich festhält und die Füße seitlich nebeneinander setzt oder auch Gegenstände (Kartons, große Spielautos) vor sich herschiebt. Es macht die Erfahrung, sich auch auf den Füßen fortbewegen zu können. Das Anbieten von Spielmaterialien in einem „Bitte-Danke-Spiel" oder „Versteckspiele unter einem Tuch", bei dem das Kleinkind mit einem lautem „Da" wiedergefunden wird, erweitern ebenso wie beim Vorsprechen von komplexen Fingerspielen sein Sprachverständnis und führen zur Bildung erster Wörter. Eine ruhige Umgebung, ohne unnötige Geräuschquellen, hat einen positiven Einfluss auf seine Sprachentwicklung. Zu viele Reize verwirren und überfordern die akustische Wahrnehmungsfähigkeit und hindern das Kleinkind daran, seine eigene Stimme oder die der Erwachsenen genau zu hören.

In der nächsten Zeit ist das Kleinkind nun völlig damit beschäftigt, alle bisher erworbenen Fähigkeiten zu trainieren und zu verbessern. So wird es in seinen Bewegungen immer geschickter und weitet seine Bewegungsmöglichkeit bis zum freien Gehen aus. Wie ein Kleinkind einen aufrechten Gang erlangt, ist sehr variabel und individuell. Jedes Kleinkind besitzt hierzu einen eigenen Entwicklungsplan. Auch das Greifen wird als gezieltes Ergreifen und Loslassen weiter geübt und endet in den folgenden Jahren in einer perfekten Beherrschung der Hand- und Fingerfunktionen.

Die erreichte Mobilität und ein größeres Interesse an der personellen und materiellen Umwelt führen nun gleichzeitig zu einem Missverhältnis von Autonomie und Trennungsangst beim Kleinkind. Die Bezugsperson ist hier sichere Basis und Zufluchtspunkt und ermöglicht durch den Aufbau eines sicheren Bindungsverhältnisses eine positive Persönlichkeitsentwicklung des Kindes.

Das Kleinkind selbst ist für die Entwicklung seiner individuellen Fähigkeiten gut ausgestattet. Es ist neugierig, spielfreudig, wissbegierig und freundlich zugewandt, wenn es ihm körperlich und emotional gut geht. Durch eine geeignete Umgebung und liebevolle Zuwendung können Eltern und Bezugspersonen sein Potenzial entdecken, die kindliche Entwicklung positiv beeinflussen und zur Erkenntnisgewinnung beitragen. Durch aufmerksames Beobachten des kindlichen Bewegungsverhaltens, seiner Wahrnehmungsfähigkeit und seines Befindens kann dann sogar auf negative Einflüsse präventiv eingewirkt werden.

Lustige Hand- und Fingerspiele zum Vor- und Mitmachen

22 Verse und Spiele zum Staunen mit Daumen, Zeigefinger & Co.

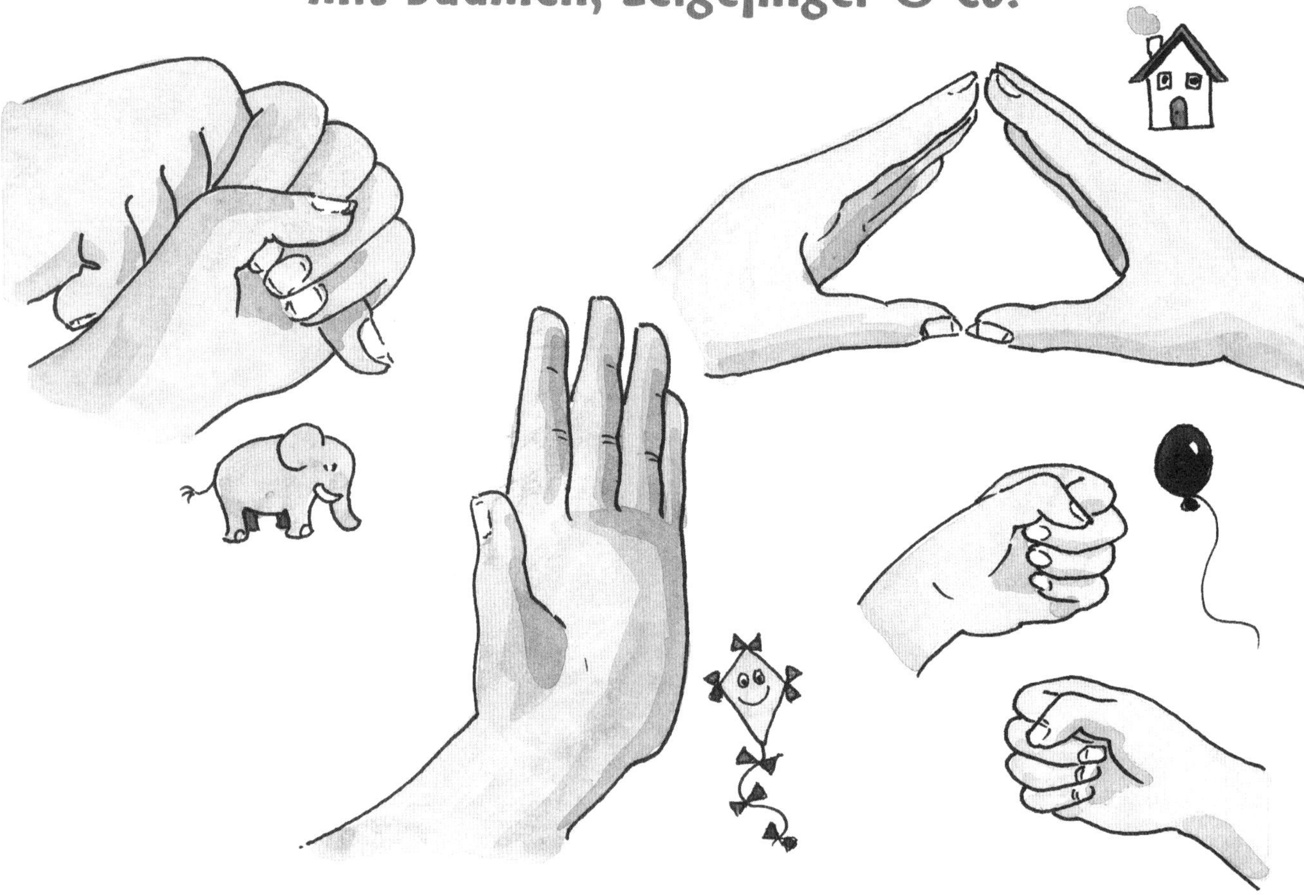

Die Vorzüge von Fingerspielen sind schon seit Generationen bekannt und werden glücklicherweise bis heute in den Familien weitergegeben. Das Gute daran ist, dass dieses Finger-Theater überall einsetzbar ist und keiner großen Vorbereitungen bedarf. Im Fingerspielvers wird eine heitere und überschaubare Handlung vorgestellt, die das Kind fesselt und nicht selten zu einem überraschenden Ende führt. Daher bereiten Fingerspiele den Kindern viel Freude, denn sie können miterleben und mitgestalten.

Durch das Fingerspiel wird nicht nur die Fantasie, das Denken sowie die Sprachanbahnung und Ausdrucksfähigkeit angeregt, sondern auch die Fingermotorik und das soziale Miteinander gefördert. Der Säugling entdeckt anfangs seine Hände und bildet zum Bewegen der Hände eigene Lautmalereien. Beim gemeinsamen Spiel auf dem Wickeltisch hat er Freude beim Zuschauen und sein Interesse am eigenen Tun wird geweckt. Im Laufe der Zeit werden die Inhalte der Fingerspiele dann immer anspruchsvoller, bis hin zu kleinen Fingergeschichten. Nach dem Entdecken der Hand und der Fähigkeit, die Finger einzeln zu benennen, übernehmen die einzelnen Finger schließlich verschiedene Rollen in der Handlungsfolge. Beim Sprechen und Nachahmen des Verses bewegt das Kleinkind seine Finger mit. Es übt ganz unbewusst seine Feinmotorik und die Auge-Hand-Koordination, also das sinnvolle Zusammenspiel von Auge und Hand, um eine geeignete Bewegungshandlung zu erzielen. Hiermit ist z. B. das Erblicken und Ergreifen eines Spielzeuges gemeint. Wird das Spielzeug dann von der einen Hand in die andere gegeben, so übt das Baby hiermit seine Hand-Hand-Koordination und überkreuzt dabei noch seine eigene Körpermitte. Sobald es das ergriffene Spielzeug in den Mund steckt, kann es dann auch noch seine Hand-Mund-Koordination erproben. Alle koordinativen Handlungen und das Bewegen der Finger liefern auch dem Gehirn Informationen und beeinflussen die Gehirnentwicklung positiv. Beim Spiel und dem engen Körperkontakt erlebt das Baby oder das Kleinkind in einer humorvollen und fröhlichen Atmosphäre Geborgenheit und emotionale Zuwendung. Es verbindet die Sprache mit etwas Positivem.

Betrachtet man die Sprachentwicklung des Babys, so hat es anfangs Freude am Lallen und Lauschen, aber schon bald beginnt es selbst mit seiner Stimme zu experimentieren. Es bekommt Antworten, wird angesprochen und zeigt Interesse. Das rhythmische Sprechen, in Reimen und Klangbildern, vermittelt den ersten Kontakt zur Sprache. Im Laufe der Zeit lernt das Kleinkind, die Begriffsbildung und Handlungsfolgen zu erkennen, und entwickelt so sein erstes Wortverständnis und sein Gedächtnis. Es lernt Begriffspaare kennen und erweitert spielerisch seinen aktiven (vom Kind gesprochene Wörter) und passiven Wortschatz (vom Kind verstandene Wörter). Beim Sprechen des Verses kann es Wortmelodien nachahmen oder an entsprechender Stelle bestimmte Laute einsetzen und schließlich erste Wörter mitsprechen. Anfangs kann der passive Wortschatz eines Kleinkindes weit größer sein als der aktive, was sich dann mit zunehmendem Alter ändern wird.

Bei der Auswahl eines Fingerspiels richtet man sich anfangs nach dem Alter oder dem Entwicklungsstand des Babys. Später werden die ersten Fingerspiele gerne auch mal von zwei- und dreijährigen Kleinkindern gespielt. Der Fingerspielvers ist kurz und klar strukturiert, sodass eine kleine Handlung deutlich wird, die das Kind zum Mitspielen motiviert. Zuerst werden kurze und überschaubare Verse vorgestellt, die mit der ganzen Hand gespielt werden können. Dann werden die Verse komplexer und die einzelnen Finger werden benannt. Später dann entstehen richtige Fingergeschichten, mit den Fingern als verschiedenen Schauspielern. Schnell wird dem Kleinkind der Ablauf der Geschichte mit der Handlungsfolge deutlich. Diese längeren Fingerspiele werden zuerst als kleine Geschichte erzählt, um dem Kleinkind den Inhalt verständlich zu machen. Kinder mögen diese kleinen Mitspielverse sehr, daher dürfen diese auch möglichst oft wiederholt werden. Das Wiedererkennen bereitet dann viel Freude und ermöglicht ein immer besseres Mitspielen und Sprechen.

Das Vortragen eines Fingerspieles erfolgt langsam, damit das Kleinkind Zeit hat, die Handlung mit seinen eigenen Fingern mitzuspielen. Wie beim Geschichtenerzählen lieben es die Kinder auch hierbei, wenn der Erzähler seine Stimme verändert, Spannung erzeugt, Pausen einlegt und überraschende Momente einbaut. Mit Spannung kann das Kind die Darstellungen der schauspielernden Finger im Fingerspiel-Theater dann miterleben und mitspielen.
Fingerspiele sind nicht nur schön, sondern auch einfach praktisch, denn sie können immer und überall gespielt werden und manchmal auch die eine oder andere langweilige Situation retten. Also Daumen raus und los geht's!

Fähnchen im Wind

Dieses erste Spiel kann etwa ab dem 3. Lebensmonat angeboten werden. Der Säugling sollte wach sein und interessiert auf Stimmen und Gesichter reagieren.

Alter: ab 3 Monaten

Die Hand der Spielleitung dreht sich zum Vers als Fähnchen hin und her:

Auf dem Turme,
auf dem Turme,
dreht sich das Fähnchen,
im Wind und im Sturme.
(Text: B. Kasprik)

Variante (ab 4 Monaten)

Hat das Baby seine Hände dann entdeckt, so wird es auch bald sein eigenes Händchen drehen, sobald es den Vers hört.

Fingerspiele für den 4. bis 6. Monat

Die folgenden fünf Fingerspiele können ab dem 4. Lebensmonat gespielt werden. Die Spielleitung sollte jedoch das Baby sensibel beobachten, ob es auch tatsächlich dazu bereit ist oder es gerade ganz intensiv mit der Entdeckung anderer Dinge beschäftigt ist. Hier lohnt es sich dann, abzuwarten und das Baby zu beobachten, um es in seiner Konzentration nicht zu stören. Die Spielleitung kann das Kind jetzt lieber begleiten und dem Kind Erklärungen geben wie „Schaust du dir deine Hand an?" – „Ja, du kannst deine Hand drehen!" und Ähnliches.

Klaus der Elefant

Alter: ab 4 Monaten

Die Spielleitung ballt die Hand zur Faust und streckt den Zeigefinger der anderen Hand hindurch. Der Zeigefinger wackelt zum Rhythmus des Reims:

In meiner Hand,
da wohnt ein Elefant.
Er streckt den Rüssel raus!
Ich glaube, er heißt Klaus!
(Text: B. Kasprik)

Fünf Finger

Alter: ab 4 Monaten

Nacheinander zeigt die Spielleitung die Finger der Hand – angefangen beim Daumen – und berührt sie an der Kinderhand:

Der ist ins Wasser gefallen,
der hat ihn rausgeholt,
der hat ihn ins Bett gelegt,
der hat ihn zugedeckt
und der kleine Schelm,
der hat ihn wieder aufgeweckt.
(Text: mündl. überliefert)

Der Schelm

Alter: ab 4 Monaten

Nacheinander stellt die Spielleitung dem Baby alle Finger einer Hand vor und berührt diese beim Baby:

Das ist der Daumen.
Der schüttelt die Pflaumen.
Der hebt sie auf.
Der bringt sie nach Haus.
Und der kleine Schelm,
der isst sie alle auf.
(Text: mündl. überliefert)

Daumenlied

Alter: ab 4 Monaten

Die Hände der Spielleitung befinden sich hinter dem Rücken, sie werden zu Fäusten geballt und die Daumen nach oben gestreckt. Die Daumen werden nacheinander hinter dem Rücken hervorgeholt und dem Kind gezeigt. Dabei bewegen sie sich passend zum gesprochenen Text und verschwinden schließlich wieder:

Wo ist denn der Daumen,
wo ist denn der Daumen?
Ich bin hier, ich bin hier!
Guten Tag, wie geht's dir?
Danke mir geht's gut!
Muss jetzt gehen, muss jetzt gehen.
(Text: mündl. überliefert,
Melodie: Bruder Jakob)

Hinweis: Auch die anderen Finger können auf diese Weise benannt werden.

Zwei Zwerge

Alter: ab 4 Monaten

Die Spielleitung zeigt dem Baby ihre locker zur Faust geballten Hände. Die Daumen werden nach oben in die Luft gestreckt, sodass das Kind beide gut sehen kann. Die Daumen verschwinden nacheinander in den Fäusten und werden wieder nach oben gestreckt:

Zwei Zwerge sitzen auf einem Berg.
Der eine klettert in die Höhle hinein,
der andere krabbelt hinterher.
Der eine kommt wieder,
der andere kommt wieder,
da sitzen nun alle beide wieder.
(Text: mündl. überliefert)

Fingerspiele für den 6. bis 12. Monat

Die nachfolgenden vier Fingerspiele können Babys ab dem 6. Lebensmonat angeboten werden. In diesen Versen werden die einzelnen Finger jetzt nicht nur gezeigt, sondern es bewegen sich alle Finger im Blickfeld des Kindes.

Fingertanz

Alter: ab 6 Monaten

Die Hände der Spielleitung befinden sich auf dem Rücken und sind zu Fäusten geballt. Zuerst wird der Daumen der einen, dann der anderen Hand gezeigt. Beide Daumen tanzen vor dem Kind hin und her und werden zum Schluss wieder hinterm Rücken versteckt:

Das ist der Daumen, sieh mal her!
Er hat auch einen Bruder, das ist der.
Beide Daumen tanzen hin und her.
Und wenn sie sich verstecken,
siehst du sie nicht mehr.
(Text: mündl. überliefert)

Variante

Auch die anderen Finger können im Laufe der Zeit in den Tanz einbezogen werden.

Zwerg und Riese

Alter: ab 6 Monaten

Die Spielleitung zeigt mit dem Finger einer Hand nach oben und wackelt dann vor dem Kind mit allen Zwergenfingern. Sie zeigt nach unten und beschreibt dann vor dem Kind mit den Händen einen großen Berg. Die Zahlen werden mit Daumen, Zeige-und Mittelfinger angezeigt:

Da oben auf dem Berge 1 – 2 – 3,
da tanzen viele Zwerge 1 – 2 – 3.
Da unten auf der Wiese 1 – 2 – 3,
da sitzt ein so großer Riese 1 – 2 – 3.
(Text: mündl. überliefert)

Regen tripp und Regen trapp

Alter: ab 6 Monaten

Die Spielleitung bewegt die Finger beider Hände zuerst zappelnd wie „Regentropfen“ und passt sie dann dem gesprochenen Text an:

Regen tripp und Regen trapp,
schüttel ich vom Händchen ab.
Erst das Rechte, dann das Linke,
beide machen winke, winke.
Auf und nieder rüttel ich,
beide Hände schüttel ich.
(Text: mündl. überliefert)

Zehn kleine Mäuschen

Alter: ab 6 Monaten

Zum gesprochenen Vers bewegen sich die Finger der Spielleitung als Mäuschen mit. Am Ende des Verses verschwinden die Hände dann hinter dem Rücken der Spielleitung:

Zehn kleine Mäuschen
krabbeln hin und her.
Zehn kleine Mäuschen
finden das nicht schwer.
Zehn kleine Mäuschen
krabbeln auf und nieder.
Zehn kleine Mäuschen
tun das immer wieder.
Zehn kleine Mäuschen
krabbeln rings herum.
Zehn kleine Mäuschen
finden das nicht dumm.
Zehn kleine Mäuschen
spielen mal Versteck.
Husch, husch, husch
sind alle Mäuschen weg!
(Text: B. Kasprik)

Fingerspiele für Kleinkinder ab 1 Jahr

In den folgenden Spielen werden die Finger nicht nur vorgestellt, sondern die Finger übernehmen eine Schauspielerrolle. Kleinkinder ab dem ersten Lebensjahr und älter haben jetzt schon viel Fingerspielerfahrung, um den Geschichten zu folgen und mitzuspielen.

Fingerquatsch

Alter: ab 1 Jahr

Die Spielleitung stellt die Finger nacheinander vor und verstellt dabei jeweils ihre Stimme. Am Ende lässt sie alle Finger zappeln:

Dieser sagt: „Ich bin berühmt und reich!“
Dieser sagt: „Ich bin ein Wüstenscheich!“
Dieser sagt: „Ich bin der Nikolaus!“
Und dieser sagt: „Ich bin eine klitzekleine Maus!“
Nur dieser sagt: „Ich glaub ihr spinnt!
Ihr wisst doch, dass wir alle Finger sind!“
(Text: mündl. überliefert)

Drachenflieger

Alter: ab 1 Jahr

Die Spielleitung zeigt dem Kind seine Handfläche, die den Drachen darstellen soll. Dann streckt sie die Hand flach aus und hebt sie in einer Schlangenlinie wie ein Drachenflieger, der nach oben fliegt, langsam in die Höhe, sodass das Kind gut zusehen kann. Dort oben bewegt sie die Handfläche seitlich auf und ab und bewegt die Hand zu einem Tänzchen im Kreis herum. Am Ende schwebt der „Drachen“ hinunter auf den Körper des Kindes:

Wenn der frische Herbstwind weht,
geh ich auf die Felder.
Schicke meinen Drachen hoch,
über alle Wälder.
Und er wackelt mit den Ohren,
wackelt mit dem Schwänzchen.
Und er tanzt den Wolken vor,
hui, ein lustig Tänzchen.
(Text: mündl. überliefert)

Familie Mause Maus

Alter: ab 1 Jahr

Die Spielleitung bildet mit beiden Händen ein kleines Häuschen, wobei die Daumen nebeneinander liegen und die übrigen Finger zu einem Dach aufgestellt sind. Zu „Vater, Mutter, Schwester Maus …“ zeigt sie nacheinander drei Finger einer Hand und wackelt mit den Fingern hin und her. Bei „Nur das Baby liegt im Bett“ formt die Spielleitung mit Daumen und Fingern einer Hand einen offenen Kreis. Sie legt den kleinen Finger der anderen Hand hinein und bewegt ihn etwas. Das Kind darf hineinsehen:

In diesem kleinen Mäusehaus,
wohnt Familie Mause Maus.
Vater, Mutter, Schwester Maus,
die gehen mal ganz gerne aus.
Nur das Baby liegt im Bett,
schau mal rein, wie nett.
(Text: B. Kasprik)

Mein Häuschen

Alter: ab 1 Jahr

Die Spielleitung formt beide Hände zu einem Dach, indem sie die Daumen als Boden und die Finger als Dach zusammengelegt werden. Zum Verstext wird das Haus schief gehalten und kräftig hineingeblasen. Mit einem lauten Klatscher der Hände fällt das Haus zusammen:

Mein Häuschen ist nicht gerade,
ist das aber schade,
mein Häuschen ist ein wenig krumm,
ist das aber dumm!
Hui, da bläst der Wind hinein,
bautz, da fällt das Häuschen ein.
(Text: mündl. überliefert)

Kleiner, bunter Schmetterling

Alter: ab 1 Jahr
Material: Schmetterling-Fingerpuppe
(→ Bastelanleitung, S. 26)

Die Spielleitung lässt den Schmetterling, auf dem Finger sitzend, vor dem Kind herumfliegen, sodass das Kind ihn gut beobachten kann:

Ein kleiner bunter Schmetterling,
fliegt hier mal hin und da mal hin.
Er fliegt nach unten auf den Boden,
im Kreis herum und auch nach oben.
Doch will ein Kind ihn mal erhaschen,
ein Vogel ihn zum Frühstück naschen,
da fliegt er schnell in ein Versteck
und schaust du hin, da ist er weg.
(Text: mündl. überliefert)

Bastelanleitung für die Schmetterling-Fingerpuppe

Material: Bastelfilz in Blau, Orange, Weiß, und Lila (Reste), Schere, Strickschlauch (Bastelbedarf) in Rot, Strickgarn in Rot, Füllwatte, Bastelkleber

Die Spielleitung schneidet aus dem blauen Filz die Schmetterlingsflügel (s. Abb.) und aus den anderen Farben die Kreise aus und klebt sie als Dekoration auf die Flügel.
Sie näht den Strickschlauch auf einer Seite auf links zusammen und dreht ihn wieder auf rechts. Dies ist der Körper des Schmetterlings, der über den Finger gestülpt wird.
Mit ein paar Stichen befestigt sie vorne am Kopf des Schmetterlings zwei Fäden des Stickgarns als Fühler und näht die Flügel an den Körper an.
Aus dem roten Filz schneidet sie eine schmale ovale Form zu, die in der Mitte der Flügel über die angenähte Stelle geklebt wird.
Aus dem weißen Filz schneidet sie noch zwei Kreise zu und näht oder klebt sie als Augen an den Strickschlauch-Kopf an.
Zum Schluss wird der Kopf mit etwas Füllwatte ausgestopft.

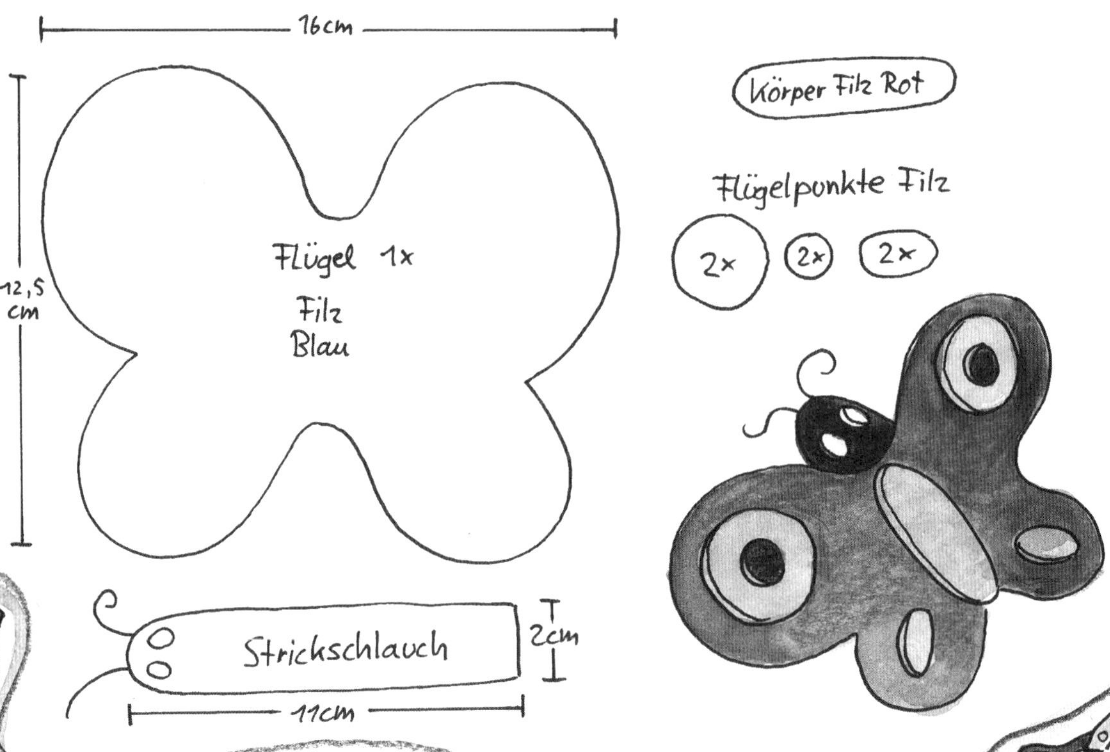

Bernd und Klaus auf hoher See

Alter: ab 1½ Jahren

Die Spielleitung legt die Finger beider Hände vorne spitz als Schiffsbug zusammen. Beide Daumen werden aufgestellt, als würden sie im Boot sitzen. Das Boot bewegt sich in den Wellen vorwärts und schaukelt erst sanft und wenn der der Sturm aufkommt stark seitlich hin und her. Dann dreht das Boot um und fährt schnell zurück:

Die beiden Daumen Bernd und Klaus
die fuhren mal auf das Meer hinaus.
Sie saßen in einem schönen Boot
und aßen dort ihr Butterbrot.
Da kam ein großer Sturm daher
und schaukelte das Boot so sehr.
Da fuhren die Daumen schnell nach Haus
und jetzt ist die Geschichte aus!
(Text: B. Kasprik)

Max und Moritz

Alter: ab 1½ Jahren

Die Spielleitung stellt die Geschichte mit ihren Fingern dar:

Max und Moritz diese beiden,
(Daumen gehen nacheinander nach oben.)
wollen sich mal für 10 Cent eine Riesenbockwurst kaufen.
(Alle 10 Finger werden einmal gezeigt.)

Für 10 Cent, so eine große Bockwurst?
Das gibt's ja gar nicht!
(Mit den Händen abwinken.)

Max und Moritz ärgern sich.
(Daumen überkreuzen und rummaulen.)

Da kommt der Polizist und sperrt die beiden in die Kist'.
(Zeigefinger-Polizist in die Luft recken und Fäuste nach unten drehen.)

Max und Moritz sind nicht dumm,
die drehen die Kiste einfach um.
(Daumen wieder nach oben drehen.)

Max und Moritz freuen sich.
(Daumen berühren sich gegenseitig mit einem Kusslaut.)

(Text: mündl. überliefert)

Alle meine Fingerlein

Alter: ab 2 Jahren

Im ersten Teil des Fingerspielverses stellt jeder Finger ein Tier dar. Die Spielleitung zeigt jeweils auf den genannten Finger. Der zweite Teil des Verses wird dann durch Klatschen und pantomimische Gesten gestaltet. Das Kind sitzt vor der Spielleitung auf dem Wickeltisch und kann das Laufen der Tiere durch leichtes Klatschen auf die Oberschenkel darstellen. Dann hält die Spielleitung über sich und über das Kind die Hände zu einem Dach geformt. Beide stellen danach das Schlafen dar, indem sie die gefalteten Hände ans Ohr legen und die Augen schließen. Sobald die Sonne aufgeht, laufen die Tiere, wie oben beschrieben, wieder los:

Alle meine Fingerlein,
wollen heut mal Tiere sein.
Dieser Daumen, dick und rund,
ist der große Schäferhund.
Zeigefinger ist das stolze Pferd,
ist wohl tausend Taler wert.
Mittelfinger ist die bunte Kuh,
die macht immer muh, muh, muh.
Ringfinger ist der Ziegenbock,
mit dem langen Zottelrock.
Und das kleine Fingerlein,
soll einmal ein Schäfchen sein.
Alle Tiere hopp, hopp, hopp,
laufen immer im Galopp,
laufen in den Stall hinein,
denn es wird bald dunkel sein.
Tiere schlafen ruhig ein,
träumen von dem Sonnenschein.
Tiere wachen wieder auf
und beginnen ihren Lauf.
(Text: mündl. überliefert)

Kasper und das Krokodil

Alter: ab 2 Jahren

Die Spielleitung legt beide Handflächen zu einem Dach zusammen. Der Daumen einer Hand wackelt als Kasper in der Mitte. Eine Hand stellt das herankommende, gefährliche Krokodil dar. Der Daumen der anderen Hand ist der Kasper. Dieser springt mit einem lauten Schnalzen der Zunge in das Fass. Dabei umschließen die Finger den Daumen. Sobald das Krokodil verschwunden ist, kommt der Daumen mit einem lauten Schnalzer wieder hervor:

Der Kasper hat ein Kasperhaus,
darinnen schaut der Kasper raus.
Da kommt ein großes Krokodil,
das den Kasper fressen will.
Der Kasper wird vor Schreck ganz blass
und springt schnell in ein großes Fass.
Das Krokodil schaut hin und her
und sieht gar keinen Kasper mehr.
Betrübt und traurig geht es nach Haus.
Der Kasper springt aus dem Fass heraus –
und lacht das Krokodil dann aus.
Ha ha ha – da hab ich das Krokodil aber hereingelegt.
(Text: mündl. überliefert)

Großer, bunter Luftballon

Alter: ab 2 Jahren

Die beiden Hände der Spielleitung halten einen imaginären Luftballon und lassen diesen hochsteigen, indem sich die Arme nach oben strecken und die Hände öffnen. Jetzt wird der Luftballon an einem „Band" wieder zurückgeholt und vor das Kleinkind gehalten:

Ein großer, ein bunter, ein runder Luftballon
steigt langsam in die Höhe,
schon fliegt er mir davon.
Doch an der langen Leine,
da hol ich ihn zurück.
Schon hab ich ihn gefangen,
da hab ich aber Glück!
(Text: mündl. überliefert)

Hinweis: Vor dem Spiel kann der Luftballon mit dem Kind zusammen aufgeblasen werden.

Zwergensilvester

Alter: ab 2 Jahren

Die Spielleitung streckt dem Kleinkind ihre Hand entgegen und wackelt mit den Fingern. Nacheinander zeigt sie die Finger und streckt zum Schluss die Arme ganz hoch:

Fünf Zwerge feierten ein Silvesterfest.
Der erste schleppte eine große Uhr heran.
Der zweite brachte schöne Raketen dann.
Der dritte fand auch Wunderkerzen fein.
Der vierte wollte nicht alleine sein.
Der fünfte rief um zwölf „Hurra,
das neue Jahr ist endlich da!"
(Text: B. Kasprik)

Himpelchen und Pimpelchen

Der Klassiker unter den Fingerspielen mal anders mit Fingerpuppen gespielt. Das reinste Vergnügen für die Kleinen.

Alter: ab 2 Jahren
Material: Zwergen-Fingerpuppen (➜ Bastelanleitung, S. 30)

Die Spielleitung spielt mit den beiden Fingerzwergen die Geschichte vor und steckt diese dazu auf ihre Zeigefinger. Sie lässt die Zwerge einen Berg hinaufsteigen und stellt beide nacheinander vor, indem sie den betreffenden Zwerg bewegt. Dann werden beide Zwerge nebeneinander gehalten und hin und her gewackelt. Damit die Zwerge in den Berg krabbeln können, werden die Fingerpuppen zum Körper der Spielleitung gedreht, sodass die Zwerge versteckt sind. Wenn das Kind die Geschichte schon gut kennt, dann darf es schnarchen wie die Zwerge und diese durch ein lautes Kikeriki wieder aufwecken:

Himpelchen und Pimpelchen,
die stiegen auf einen Berg.
Himpelchen war ein Heinzelmännchen,
Pimpelchen war ein Zwerg.
Sie blieben lange dort oben sitzen
und wackelten mit ihren Zipfelmützen.
Doch nach neunundneunzig Wochen
sind sie in den Berg gekrochen,
schlafen noch in süßer Ruh,
sei mal still und hör mal zu.
Rrrrrrh, Rrrrrrh! – Kikeriki!
Himpelchen und Pimpelchen sind wieder da,
Himpelchen und Pimpelchen sind wieder da!
(Text: mündl. überliefert)

Bastelanleitung für Zwerg-Fingerpuppen

Material: Bastelfilz in beliebiger Farbe, etwas hellrosa Filz, Schere, Märchenwolle in dem Farbton „natur“, Stickgarn in beliebiger Farbe, Sticknadel

Die Spielleitung schneidet die Zwergvorlage aus dem Bastelfilz in einer beliebigen Farbe in doppelter Ausführung aus (➜ Abb.).
Das Gesicht der Zwerge schneidet sie aus dem hellrosa Filz zu und näht es auf den oberen Teil einer Körperhälfte auf, sodass noch eine Zipfelmütze zu erkennen ist.
Mit dem gleichen Faden befestigt sie die helle Märchenwolle für Augenbrauen und Bart am Gesicht.
Beide Körperteile werden dann mit dem beschriebenen Stickstich zusammengenäht.
Der Zwerg mit der abgeknickten Zipfelmütze wird auf die gleiche Weise erstellt.

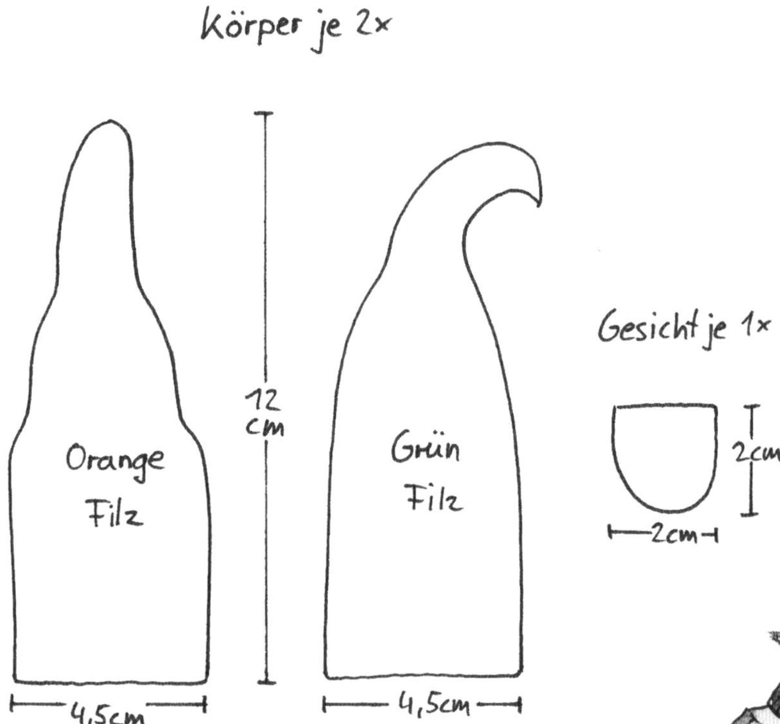

Zärtliche Spiele zum Streicheln, Kitzeln und Schmusen

28 Verse und Spiele zum Lachen und Genießen

Fabian liegt auf dem Wickeltisch und wartet ungeduldig darauf, von der Maus gekitzelt zu werden. Endlich schlüpft sie aus dem Korb und krabbelt auf seine Beine. Fabian beobachtet die kleine Fingermaus aufmerksam und freut sich über ihr Tänzchen auf seinem Bauch.

Kitzel-, Streichel- und Schmusespiele machen nicht nur Spaß, sondern fordern alle Sinnesbereiche der Babys und Kleinkinder heraus. Gleichzeitig lernen sie sich und ihren Körper besser kennen und erfahren etwas über die Zuordnung von Begrifflichkeiten.
Beim Spiel wird die Entwicklung aller Wahrnehmungsbereiche herausgefordert und weiterentwickelt. Die Kleinen beobachten, lauschen, warten gespannt und sind schließlich in der Lage, berührte Körperteile zuzuordnen. So entwickeln sich nicht nur die Körpererfahrung und das Körperbild, sondern auch das Gedächtnis und die Sprache.

Die Spielanregungen führen bei Babys und Kleinkindern, durch den intensiven Austausch mit den Erwachsenen, zu vielen positiven Erfahrungen mit sich selbst und ihrer Umwelt. Erste soziale Fähigkeiten entwickeln sich, die das Vertrauensverhältnis und die Bindung zwischen Kindern und Erwachsenen stärken.

Eine liebevolle Atmosphäre, Zeit und Zuwendung bilden die Voraussetzung für das Spiel auf dem Wickeltisch. Dann zeigt das Kind Freude und schaut den Erwachsenen interessiert an. Es bewegt sich aus eigener Kraft und ist aktiv eingebunden. Es erkennt Spiele wieder und reagiert angemessen. Wird das Spiel dem Kind jedoch zu viel, so wird es sich abwenden oder weinerlich und müde werden. Dieses Verhalten kann der Erwachsene beim Spiel beobachten, um dann sensibel zu reagieren.

Alle Spielverse in diesem Kapitel beziehen den Körper des Babys oder Kleinkindes mit ein. Dabei werden Körperteile berührt und benannt, gekitzelt und gestreichelt oder dienen als Versteck von Fingerpuppen. Neben dem Einsatz von Fingerpuppen werden auch ganz unterschiedliche und einfache Materialien wie Öl, Seidentücher und Seifenblasen zum Spielen genutzt.

Berührungsspiele für den ganzen Körper

Der Wickeltisch ist ein erster Bildungsort für Babys und Kleinkinder, wo pflegerische Tätigkeiten um spielerische Anregungen ergänzt werden können. Die Spielverse in diesem Abschnitt werden direkt auf dem Körper des Kindes gespielt. Trippelnd, kitzelnd, streichelnd und mit sanftem Druck wird der ganze Körper des Kindes stimuliert und zur Belohnung auch mal kräftig geknuddelt. Das macht Spaß und unterstützt das Kind dabei, seinen ganzen Körper spielerisch kennen zu lernen.

Mausespaziergang

Alter: ab 1 Jahr

Das Kind liegt vor der Spielleitung auf dem Wickeltisch. Ihre Finger spazieren wie kleine Mäusefüßchen über den Körper des Kindes. Zum Schluss nimmt sie das Kind auf den Arm und liebkost es:

Ein Mäuschen will bei dir spazieren gehen,
mal hier, mal dort wie wunderschön.
Es wandert vergnügt den Weg daher,
auch das Hüpfen fällt nicht schwer.
Doch auf einmal, ach wie dumm,
fällt das Mäuschen einfach um.
Kullert, kullert munter den/die …
ganz hinunter.
Unten steht es wieder auf
und kitzelt Arme, Beine, Bauch.
Bei der/dem … wieder angekommen,
wird die/der … auf den Arm genommen.
(Text: B. Kasprik)

Hinweis: Im Vers wird jeweils der Name des Kleinkindes eingesetzt.

Maus, Bär und Floh

Alter: ab 1 Jahr

Die Finger der Spielleitung laufen zum Vers trippelnd wie eine Maus und zu Fäusten geformt tapsend wie ein Bär über den Körper des Kindes. Zum Schluss mit einem Finger an unterschiedlichen Körperstellen wie ein Floh pieksen:

Erst kommt die kleine Maus
trippelnd aus dem Haus.
Dann kommt der dicke Bär
und tappt ganz schwer daher.
Oh, da kommt ein Floh,
und der piekst dich froh!
(Text: B. Kasprik)

Kommt ein Flugzeug geflogen

Alter: ab 1 Jahr

Die Hand der Spielleitung stellt das Flugzeug dar und ahmt die Bewegungen des Flugzeuges über dem liegenden Kind nach, dass das Kind diese gut verfolgen kann. Die Rollbahn ist der Bauch des Kindes, über die die „Leute" (die krabbelnden Finger) nach Hause gehen:

Kommt ein Flugzeug angeflogen,
hoch ganz hoch, im hohen Bogen.
Sinkt auf die Erde nieder,
kreist dann noch mal hin und wieder,
rollt dann auf der Rollbahn aus
und alle Leute gehen nach Haus.
(Text: mündl. überliefert)

Gerade und schief ...

Alter: ab 1 Jahr

Die Spielleitung führt die Arme des Kleinkindes in die jeweiligen Richtungen. Zuerst bewegt sie die Arme zum gesprochenen Text in die Seithalte, mal gerade und mal schief gehalten. Dann gehen die Arme hoch und wieder tief und die Hände werden vor die Augen gehalten und wieder weggenommen. Zum Schluss klatschen die Hände erst langsam und dann ganz schnell zusammen:

Das ist gerade, das ist schief.
Das ist hoch und das ist tief.
Das ist dunkel, das ist hell.
Das ist langsam, das ist schnell.
(Text: mündl. überliefert)

Hinweis: Die Spielleitung sollte darauf achten, dass das Kind die Bewegungen auch zulässt. Kinder benötigen Zeit, um das Spiel genau kennen zu lernen.

Herr / Frau Nasenmann

Alter: ab 1½ Jahren

Die Spielleitung läuft mit ihren zwei Fingern mit leichtem Druck den rechten Arm des Kleinkindes langsam hinauf. Sie zupft an einem Ohrläppchen, um zu klingeln, klopft an die Stirn und zwickt in die Nase:

Es geht ein Mann die Treppe rauf.
Er klingelt an der Tür – ding-dong!
Er klopft an – klopf-klopf!
Guten Tag Herr/Frau Nasenmann!
(Text: mündl. überliefert)

Hinweis: Beim zweiten Mal ist der linke Arm an der Reihe.

Tip Tap

Alter: ab 1½ Jahren

Die Spielleitung tippt zum Vers mit den Zeigefingern verschiedene Stellen auf dem Körper des Kleinkindes an:

Tip Tap, Tip Tap.
Tip Tap, Tip Tap.
Tippe Tappe, Tippe Tappe,
Tip tip tap!
(Text: B. Kasprik)

Regenreigen

Die Spielleitung kann dieses wohltuende Berührungsspiel sowohl auf dem Bauch oder auf dem Rücken des Kindes durchführen.

Alter: ab 1½ Jahren

Die Spielleitung stellt mit ihren Fingerspitzen und Handflächen Regentropfen, Blitz und Donner auf dem Körper des Kleinkindes dar. Dazu wird mit den Fingerspitzen sanft getrommelt, ein Zick-Zack-Blitz gemalt und bei Donner mit den Handflächen auf den Körper gedrückt. Kommt der Wind auf, dann rüttelt die Spielleitung das liegende Kind sanft hin und her. Zum Schluss bleiben die Handflächen auf dem Körper des Kindes liegen und beschreiben die wärmende Sonne:

Es regnet, es regnet!
Da blitzt es und donnert auch schon.
Ein starker Wind kommt auf
und rüttelt an der/dem ...
Dann wird der Regen weniger,
es tropft nur noch hier und da.
Auch die Wolken ziehen weiter
und schon bald scheint die liebe Sonne
wieder!
(Text: B. Kasprik)

Katz und Maus

Alter: ab 1½ Jahren

Die Hände der Spielleitung verwandeln sich in Katzenkrallen und streichen passend zum Vers sanft über den Körper, über die Beine und den Kopf des Kleinkindes. Der Zeigefinger der Spielleitung kitzelt unter der Achsel des Kindes, wenn die Maus im Mauseloch verschwindet und sie zwickt es leicht in die Oberschenkel, wenn die Mäuschen den Speck naschen. Ab „Leise, leise schleicht …“ spricht die Spielleitung ganz leise, streichelt das Kind wieder wie zu Beginn, fängt es dann ein und nimmt es in den Arm:

Katzen können Mäuse fangen,
haben Krallen wie die Zangen.
Sie kriechen über Böden und Dächer
und manchmal auch durch Mäuselöcher.
Mäuschen stehlen, naschen Speck
und seh'n die Katz nicht im Versteck.
Leise, leise schleicht die Katz
und fängt die Maus mit einem Satz.
(Text: mündl. überliefert)

Bimmel Bammel Bommel

Alter: ab 1½ Jahren

Das Kleinkind sitzt auf dem Wickeltisch und schaut die Spielleitung an. Beide trommeln mit den Handflächen rechts und links neben dem Kleinkind auf die Wickelauflage. Wie ein Mäuschen laufen die Finger der Spielleitung über die Beine des Kindes. Abschließend schlagen beide donnernd auf die Unterlage:

Bimmel, Bammel, Bommel,
die Katze schlägt die Trommel.
Zehn Mäuschen tanzen in der Reih.
Da donnert die ganze Erde dabei!
(Text: mündl. überliefert)

Ei, wer kommt denn da daher?

Alter: ab 1½ Jahren

Das Kleinkind liegt auf dem Wickeltisch und die Spielleitung ahmt auf dem Körper des Kindes den Gang des Bären (flache Finger) und den Gang des Elefanten (Fäuste) nach. Zuletzt krabbeln die Finger der Spielleitung als flinkes Mäuschen über den ganzen Körper und verschwinden schließlich im Mäuseloch, unterm Arm des Kleinkindes:

Ei, wer kommt denn da daher?
Ist das wohl ein dicker Bär?
Oder gar ein Elefant,
aus dem fernen, fremden Land?
Nein, es ist ein Mäuschen,
und es sucht ein Häuschen.
Wo ist es, sag es doch –
da ist das kleine Mäuseloch!
(Text: mündl. überliefert)

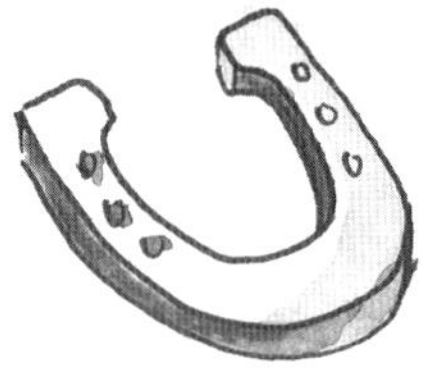

Das kleine Pony

Die nachfolgende Geschichte ist ein erstes einfaches Massagespiel für Kleinkinder. Die Identifikation mit der Hauptperson des Ponys macht es ihnen leicht, sich auf die Berührungen ihres Körpers einzulassen. Als Einführung in das Spiel bietet sich ein kleines Ponystofftier oder ein Bilderbuch an.

Alter: ab 2 Jahren
Material: Stoffpony oder ein Bilderbuch mit einem Pony

Das Kleinkind ist das Pony und soll geputzt werden. Es liegt auf dem Wickeltisch und schaut die Spielleitung an:

Du bist heute mein Pony und liegst hier auf der Wiese.
(Die Spielleitung streicht über den ganzen Körper des Kleinkindes.)

Es hat sich im Staub und auf der Erde herumgewälzt. Jetzt ist es ganz schmutzig! Igitt, igitt!
(Die Spielleitung bewegt das Kleinkind hin und her, sagt „Igitt" und schüttelt den Kopf.)

Jetzt muss ich das Pony wieder sauber bürsten.
(Die Spielleitung streicht einige Male kräftig über den Körper und übt mit den Fingerkuppen einen leichten Druck aus. Die Finger werden wie ein Kamm gehalten und streichen vom Herz des Kleinkindes weg nach außen.)

Auch die Mähne des Ponys muss gesäubert und gekämmt werden.
(Sanft über den Kopf streicheln.)

Einige Schmutzstückchen muss ich noch aus dem Fell zupfen.
(Vorsichtig an verschiedenen Stellen des Körpers zupfen.)

Jetzt ist das Pony schon fast sauber, nur noch die Hufe säubern.
(Das Kleinkind an den Händen und Fußsohlen kitzeln.)

Zum Schluss streiche ich noch einmal über das ganze Pony.
(Die Spielleitung streicht in Herzrichtung mit den Handflächen über den ganzen Körper des Kindes: am Kopf beginnend, zu den Schultern und Händen, wieder zurück, dann weiter über den Bauch zu den Beinen und Füßen und wieder zurück zum Bauch und Oberkörper. Hier ruhen die Hände jetzt.)

Jetzt ist mein Pony wieder schön sauber und ich kann wieder mit ihm kuscheln!
(Das Kleinkind knuddeln und liebkosen.)

(Text: B. Kasprik)

Spiele mit Fingerpuppen, Creme & Co.

Auch ganz unterschiedliche und einfache Materialien können zum Spielen genutzt werden. Darunter fallen alltägliche Pflegeprodukte wie Cremes oder Öle, die sich wunderbar weich auf der Haut anfühlen, aber auch bunte Tücher, Seifenblasen, Fingerpuppen o. Ä., die für Babys und Kleinkinder besonders auf- und anregend sind. Bisher hat der Erwachsene mit seinen Fingern auf dem Babykörper gespielt und das Kind gestreichelt, gekitzelt und massiert. In diesem Kapitel übernehmen nun u. a. Fingerpuppen diese Rolle. Diese können das Kind anfangs ängstigen. Daher ist es für das Kind beruhigend, wenn es vor dem Körperspiel bereits Bekanntschaft mit dem Tier machen konnte.
Das Spüren auf der Haut und das Ertasten der verschiedenen Eigenschaften von Materialien fordern den wichtigen Bereich der taktilen Wahrnehmung heraus: den Bereich der menschlichen Wahrnehmung, der sich bereits im Mutterleib als Erstes entwickelt hat und über den das Kind auch jetzt wichtige Informationen über seinen Körper und seine Umwelt erhält.
Es sollte aber darauf geachtet werden, dass die angebotenen Materialien angenehm sind und auf der empfindlichen Babyhaut oder Haut des Kleinkindes keine allergischen Reaktionen hervorrufen. Ebenso sollte es vermieden werden, mit Materialien über das Gesicht der Kleinen zu streichen, denn sie könnten dabei z. B. Flusen einatmen oder etwas in die Augen bekommen. Da Babys gerne Dinge über den Mund ertasten, sollte zudem gut ausgewählt werden, welche Materialien ihnen in die Hand gegeben werden.
Die verwendeten Fingerpuppen sind ganz einfach aus Filz gestaltet. Für die Gestaltung der Fingerpuppen befinden sich Bastelanleitungen direkt im Anschluss an die zugehörigen Verse bzw. an anderer Stelle im Buch.

Kitzelzwerg

Alter: ab $1\frac{1}{2}$ Jahren
Material: Zwergfingerpuppe (→ Bastelanleitung, S. 30)

Das Kleinkind ist der Berg, den der Zwerg von unten nach oben besteigt. Der Erwachsene spielt die Zwergfingerpuppe und bewegt diese passend zum Vers über das Kind. Schließlich lässt die Spielleitung den Zwerg irgendwo am Wickeltisch verschwinden. Nun darf das Kind suchen:

Dies hier ist ein hoher Berg
und das ein klitzekleiner Zwerg.
Klettert wohl der kleine Zwerg,
ganz hinauf auf diesen Berg.
Setzt sich dann dort oben hin,
kitzelt dich auch mal am Kinn.
Hopst nach hier und auch nach dort
und plötzlich ist er einfach fort.
(Text: mündl. überliefert)

Herr Schnick und Herr Schnack

Alter: ab 1½ Jahren
Material: Zwerg-Fingerpuppen (➔ Bastelanleitung, S. 30), Beutel

Bei diesem Spiel kann das Kind die verschiedenen Bewegungen der Figuren, die die Spielleitung darstellt, genau mit den Augen verfolgen. Dazu hält die Spielleitung die Zwerge verschieden hoch und lässt sie vor dem Kind hin und her tanzen. Sie kitzeln das Kind und legen sich hin. Das Kind darf einen Beutel aufhalten, aus dem die Männchen herausschlüpfen und in dem sie dann auch wieder verschwinden. Zum Schluss horchen beide am Säckchen, wie laut die Zwerge schnarchen:

Herr Schnick und Herr Schnack,
sind zwei Männlein im Sack.
Herr Schnick hat'ne Mütze,
Herr Schnack hat'nen Hut,
und alle beide vertragen sich gut.
Sie tanzen und springen,
sie lachen und singen
und machen gar lustige Sachen.
Doch dann sind sie müde,
Herr Schnick und Herr Schnack
und schlüpfen wieder in ihren Sack.
(Text: mündl. überliefert)

Kitzel-Schnecke

Alter: ab 1½ Jahren
Material: Schnecken-Fingerpuppe (➔ Bastelanleitung, S. 39)

Die Spielleitung lässt die kleine Schnecke vom Fuß aus aufwärts am Körper des Kleinkindes hinaufklettern, bis sie am Bauch angekommen ist:

Kleine Schnecke, kleine Schnecke.
Kriecht hinauf, kriecht hinauf.
Kriecht auch wieder runter,
kriecht auch wieder runter
und kitzelt dich am Bauch,
kitzelt dich am Bauch.
(Text: mündl. überliefert)

Variante 1

Die Spielleitung kriecht von der Hand aus den Arm mit der Schnecke des Kleinkindes hinauf und kitzelt das Kind am Hals:

Es kommt eine Schnecke,
die kriecht und die schleicht.
Es kommt eine Schnecke
und kitzelt dich gleich!
(Text: mündl. überliefert)

Variante 2

Die Spielleitung spielt mit der Schnecke und lässt sie über ihren Arm und in ihre Hand kriechen. Dann verschwindet die Schnecke im Ärmel und wird dort vom Finger gestreift:

Eine kleine Schnecke
kriecht langsam um die Ecke.
Setzt sich rein ins Fäustchen,
macht dann dort ein Päuschen.
Krabbelt von dem Fleck
und ist auf einmal weg!
(Text: B. Kasprik)

Bastelanleitung für die Schnecken-Fingerpuppe

Material: Bastelfilz in Orange und Grün, Schere, Stickgarn in den Farben Blau und Rot, Sticknadel, etwas Füllwatte

Die Spielleitung schneidet aus dem orangen Filz zwei an beiden Seiten spitz zulaufende Streifen (18 cm × 3 cm) zu und näht diese mit dem blauen Stickgarn zu einem Schneckenkörper zusammen.
In der Mitte schneidet sie einen der Streifen etwas auf, sodass der Zeigefinger hindurchgesteckt werden kann. In dieses Stück stopft sie am vorderen Ende etwas Füllwatte, sodass ein Schneckenkopf entsteht.
Für das Schneckenhaus schneidet die Spielleitung zwei runde Teile aus dem grünen Filz zu und stickt mit dem roten Stickgarn jeweils ein Schneckenhaus auf.
Sie näht beide Teile an den runden Seiten mit dem beschriebenen Stich zusammen und stopft das Schneckenhaus mit Füllwatte aus.
Zum Schluss werden nur noch die beiden Schneckenhausseiten an den Körperschlauch angenäht.

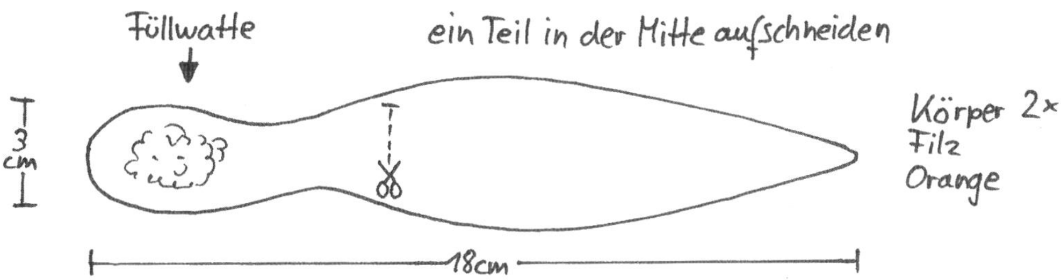

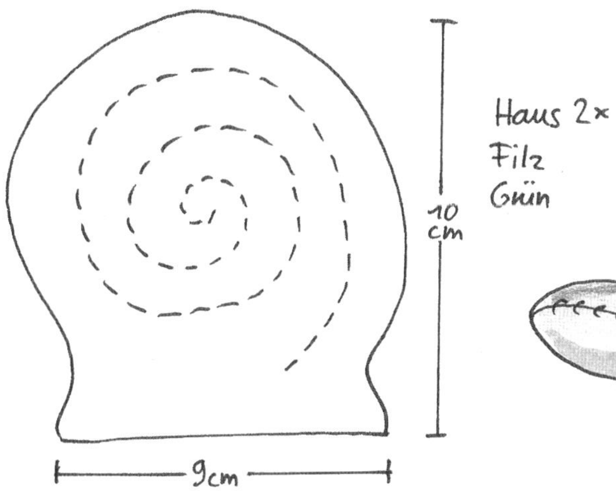

Die Fingermaus

Alter: ab 1½ Jahren
Material: Mause-Fingerpuppe (→ Bastelanleitung); evtl. 1 Tuch

Die Spielleitung lässt die Maus über den ganzen Körper des Babys/Kleinkindes laufen und zwickt das Kind damit an unterschiedlichen Körperstellen:

Ein Mäuschen fiept vor Glück,
denn es fand hier ein großes Käsestück!
(Text: B. Kasprik)

Variante „Das Mauseloch"

Die Spielleitung läuft mit der Maus über den Bauch des Kleinkindes und schlüpft dann unter den Arm des Kindes:

Auf deinem runden Bauch
läuft eine kleine Maus.
Sie sucht ein Mauseloch.
Wo ist es, sag's ihr doch!
Daa – ist das kleine Mauseloch!
(Text: B. Kasprik)

Variante „Mäuseversteck"

Die Spielleitung streichelt mit der Maus den Bauch des Kleinkindes und versteckt sie dann unter einem Tuch auf dem Wickeltisch. Das Kind darf die Maus suchen:

Dieses kleine Mäuschen,
streichelt jetzt dein Bäuchchen.
Es streichelt rauf und runter
und wird dabei ganz munter.
Dann läuft es um die Eck
und ist auf einmal weg.
Wo ist die Maus?
(Text: B. Kasprik)

Bastelanleitung für die Mause-Fingerpuppe

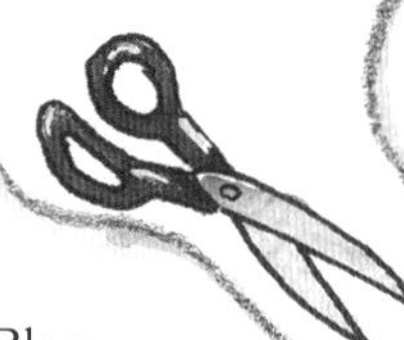

Material: weißer Bastelfilz, Schere, Stickgarn in den Farben Blau, Weiß und Schwarz, Sticknadel

Die Spielleitung schneidet nach Vorlage aus dem weißen Filz einmal den Schwanz und je zweimal den Körper und die Ohren aus.
Die Ohren näht sie in Höhe der Linie (s. Abb.) an einem Körperteil an und stickt dann die Augen mit dem blauen Stickgarn auf.
Am Ende dieses Körperteils befestigt sie mit ein paar Stichen den Schwanz der Maus.
Abschließend näht sie noch beide Körperteile mit dem beschriebenen Stickstich zusammen und stickt mit dem schwarzen Garn noch die Nase auf.

Die Streichelfeder

Eine Feder ist sehr weich und kann sehr gut benutzt werden, um damit den Körper des Kleinkindes zu streicheln.

Alter: ab 1½ Jahren
Material: Feder

Die Spielleitung benennt einzelne Körperteile des Kleinkindes und streicht dann mit der Feder sanft über sie:

Schau einmal da,
eine Streichelfeder hab ich ja.
Zeig ihr mal deine Hand,
dann streichelt sie dich hier!
Zeig ihr mal den Fuß,
dann streichelt sie dich hier!
Zeig ihr mal dein Bein, … usw.
(Text: B. Kasprik)

Hinweis: Nach Benennen des Körperteils kann das Kind dieses schon zum Streicheln vorstrecken

Variante „Federchen schweb"

Da eine Feder sehr leicht ist, eignet sie sich auch sehr gut dazu, auf das Kind herabzuschweben. Das Schweben verläuft langsam und kann vom Kind gut verfolgt werden.
Das Kleinkind liegt auf dem Wickeltisch. Die Spielleitung zeigt ihm eine Feder, die auch bunt sein kann, und lässt diese etwa in 30 cm Entfernung über dem Kind los:

Eine Feder, schau mal an,
fliegt hier, wie sie das schön kann.
Fliegt ganz hoch hinauf
und landet langsam auf deinem Bauch.
Dort streichelt sie ganz zart deine Haut.
(Text: B. Kasprik)

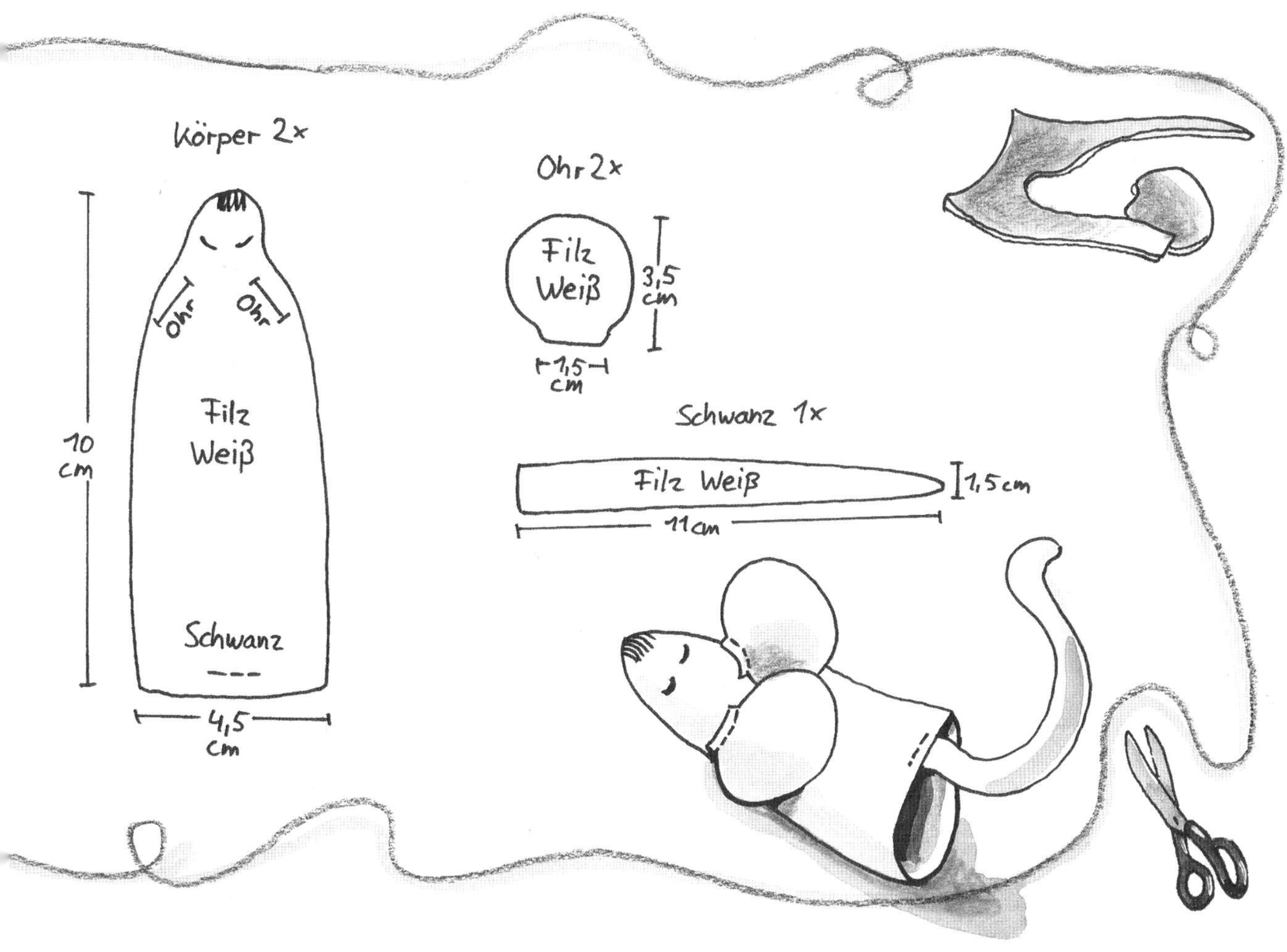

Wattebälle

Kleine und bunte Wattebällchen regen nicht nur zum Werfen und Kneten in der Hand an, sondern sie können auch toll gepustet werden. Mit etwas Hilfe können schon kleine Kinder zum Pusten motiviert und so die Entwicklung der Mundmotorik unterstützt werden.

Alter: ab 1½ Jahren
Material: Wattebällchen, kleiner Korb

Die Spielleitung gibt dem Kleinkind und sich selbst je ein Wattebällchen in die Hand. Beide betrachten und betasten diese und entdecken, dass die Wattebällchen zwischen den Händen auch platt gedrückt werden können. Aus dem Körbchen holt das Kind noch mehr Bällchen und probiert aus, wie viele Wattebällchen in die Hand hineinpassen. Auch das Werfen kann mit den Wattebällchen erprobt werden entweder über die Kante des Wickeltischs auf den Boden oder direkt in einen Korb, mit dem die Spielleitung die geworfenen Bällchen auffängt.

Variante „Wattepusten" (ab 2 Jahren)

Die Spielleitung legt ein Wattebällchen auf ihre Hand und pustet die Watte dem Kind entgegen. Das Kleinkind sammelt die Watte auf und legt den Watteball wieder auf die angebotene Handfläche. Nachdem das Kleinkind das Pusten einige Male beobachtet hat, pusten beide gemeinsam das Wattebällchen auf den Wickeltisch.
Hinweis: Darauf achten, dass in die gleiche Richtung gepustet wird, damit das Kleinkind die Wirkung seiner Handlung erlebt!

Seifenblase flieg!

Das Pusten von Seifenblasen gelingt Kleinkindern im Wickeltischalter natürlich noch nicht. Aber die schwebende Seifenblase ist ein tolles Angebot für die Entwicklung der Auge-Hand-Koordination, denn sie regt sie dazu an, sie mit den Händen zu erwischen. Auch die Entwicklung der Augenmuskelkontolle wird ganz nebenbei unterstützt, da Seifenblasen sehr langsam schweben und so genau beobachtet werden können.

Alter: ab 1½ Jahr
Material: Pustefix oder selbst gemachte Seifenblasenlauge (s. Rezept) und Pustering

Die Spielleitung bläst vorsichtig eine große Seifenblase auf, die sich noch auf dem Seifenblasenring befindet. Gemeinsam schauen sich beide die schillernde Seifenblase an und lassen diese dann mit einem Fingerpiks zerplatzen. Sie wiederholen das Spiel je nach Interesse mehrmals. Schließlich bläst die Spielleitung Seifenblasen vor das Kind, das diese zu fangen versucht.
Hinweis: Sobald das Kleinkind mobiler wird, sollte das Seifenblasenspiel auf dem Boden stattfinden. Das Kind könnte sonst vor lauter Begeisterung beim Fangen vom Wickeltisch fallen und sich verletzen.

Rezept für Seifenblasenlauge

Material: 1 Liter kaltes Wasser, 1 EL Glyzerin, 100 ml Spülmittel, Schüssel

Die Spielleitung vermischt alle Zutaten gut und lässt die Mischung etwa drei Tage vor dem ersten Gebrauch stehen.
Hinweis: Seifenblasenlauge mit einem Deckel vor Staub schützen!

Tücherversteck

Kleine Kinder lieben es, mit Tüchern zu spielen und sich unter Tüchern kurz mal zu verstecken, um so unsichtbar zu werden. Das Versteckspiel bereitet viel Spaß, ist aber gleichzeitig auch ganz schön aufregend. Sie legen ihre Hände vor das Gesicht und rufen „Daaa!", sobald der Erwachsene wieder im Blickfeld erscheint. Ein erstes soziales Spiel entsteht und beim Kind die Erkenntnis, dass der Erwachsene noch da ist, so ein Gefühl von – auf dich kann ich mich verlassen!

Alter: ab 1½ Jahren
Material: Seidentuch (➜ Spielmaterialien zum Selbermachen, S. 70); evtl. Tempotaschentuch oder Baumwollwindel

Die Spielleitung legt ein kleines Seidentuch in der Größe von 55 cm × 55 cm über den Kopf des Kleinkindes und nimmt es nach kurzer Zeit wieder weg. Auch die Hand, das Bein oder andere Körperteile können unter dem Tuch versteckt werden:

Der/die …, die ist verschwunden.
Wir haben keine … mehr.
Ei – da ist der/die … ja wieder,
tralalala lalala!
(Text: mündl. überliefert)

Hinweis: Es wird der jeweilige Name des Kleinkindes eingesetzt.

Variante „Gespensterstunde"

Die Spielleitung wackelt mit den fünf Fingern einer Hand im Blickfeld des Kleinkindes. Dann ergreift sie das bereitgelegte Tempotaschentuch und lässt es vor dem Kind herschweben, während sie die dazugehörenden Geräusche macht. Das letzte Gespenst streichelt sanft über die Beine des Kleinkindes:

Fünf Gespenster,
die spuken vor deinem Fenster.
Das erste heult: „Huh,Huh!"
Das zweite lacht: „Ha Ha Ha!"
Das dritte gähnt genüsslich: „Uah!"
Das vierte jammert: „Hihihihi!"
Und das fünfte kleine,
das streichelt deine Beine.
(Text: B. Kasprik)

Das Staubwedel-Bienchen

Alter: ab 1½ Jahren
Material: Staubwedel

Ein Mini-Staubwedel, der im Haushaltswarenbedarf zu finden ist, stellt ein Bienchen dar. Es summt vergnügt um das Kleinkind herum. Hat das Bienchen sich hingesetzt und brummt vor sich hin, dann kann das Kind die Stelle zeigen oder das Körperteil auch benennen:

Summm summm summm,
macht das Bienchen.
Summm summm summm
und setzt sich auf das Kindlein.
Brumm brumm brumm,
wo ist das Bienchen?
(Text: mündl. überliefert)

Creme-Sonne

Alter: ab 1½ Jahren
Material: Körpercreme; evtl. Handspiegel

Die Spielleitung nimmt sich etwas Creme, bemalt damit ruhig und ausgiebig den Bauch des Kleinkindes und verstreicht die Creme dann bis zu den Armen:

Auf den Bauch mal ich dir eine Sonne drauf.
Die ist so rund, ganz gelb und warm
und strahlt bis zu deinem Arm.
(Text: B. Kasprik)

Hinweis: Warme Hände bereiten ein wohlig, warmes Gefühl auf dem Bauch. Die Streichbewegung auf dem Bauch sollte im Uhrzeigersinn erfolgen, um dem Verlauf des Darms zu folgen.

Variante „Regentröpfchen"

Die Spielleitung tippt mit den Zeigefingern voll Creme auf den Körper des Kleinkindes:

Regen-, Regen-Tröpfchen,
fallen auf dein Köpfchen.
Alle Kinder werden nass,
alle Kinder lieben das.
Regen-, Regen-Tröpfchen.
(Text: mündl. überliefert)

Variante „Mondgesicht"

Das Kleinkind sitzt auf dem Wickeltisch und hat einen Spiegel vor sich liegen, auf dem die Spielleitung mit Creme ein Mondgesicht aufmalt. Hat das Kind seine Nase im Spiegelbild entdeckt, dann erhält es einen Cremeklecks auf seine eigene Nase. Mit seinen Händen kann es dann zuerst das Gesicht auf dem Spiegel und dann die Cremefinger auf dem eigenen Körper verreiben:

Der Mond ist rund. Der Mond ist rund.
Er hat zwei Augen, Nase und Mund.
Wo ist deine Nase?
(Text: mündl. überliefert)

Massagegeschichten

Kleine Geschichten regen die Fantasie der Kleinkinder an, schulen ihr Gehör und unterstützen so die Sprachentwicklung. Zu den kleinen Geschichten spielt der Erwachsene auf dem ganzen Körper des Kindes und streicht und massiert die Körperteile. Dadurch nimmt sich das Kind als Ganzes intensiv wahr. Es entwickelt während der Geschichte eine bestimmte Erwartungshaltung und wird auch selbst aktiv.

Der Krabbelkäfer

Alter: ab 1½ Jahren
Material: Käfer-Fingerpuppe (→ Bastelanleitung, S. 46)

Die Spielleitung erzählt dem Kind eine kleine Krabbelkäfergeschichte und bewegt den Käfer auf ihren Fingern über den Körper des Kleinkindes. Das Kind verfolgt dabei den Käfer und konzentriert sich darauf, was dieser tut:

Den Krabbelkäfer hab ich hier.
Was ich auch tue, da hilft er mir.
Haare kämmen, Bauch massieren
oder auf und ab marschieren.
(Text: B. Ferges)

Bastelanleitung für die Käfer-Fingerpuppe

Material: Strickschlauch (Bastelbedarf) in Schwarz, Bastelfilz in Rot und Schwarz, etwas Füllwatte, Stickgarn in den Farben Rot und Schwarz, Bastelkleber

Die Spielleitung näht den Strickschlauch an einer Seite mit dem schwarzen Stickgarn auf links zusammen und dreht ihn wieder auf rechts. Das ist der Überzieher für den Finger.
Als Käferkörper schneidet sie zwei rote Ovale aus und näht ein Oval am Strickschlauch fest.
Das zweite Oval näht sie am Rand mit dem ersten Oval zusammen und füllt den so entstandenen Körper des Käfers mit etwas Füllwatte.
Für die Flügel schneidet sie aus dem roten Filz zwei Halbkreise (➜ Abb.) zu und beklebt diese mit schwarzen Filzpunkten. Beide Halbkreise klebt sie als Flügel schräg auf den Körper.
Den Kopf bildet ein kleiner schwarzer Halbkreis, den die Spielleitung aus Bastelfilz zuschneidet und an der oberen Seite des Käferkörpers festklebt.

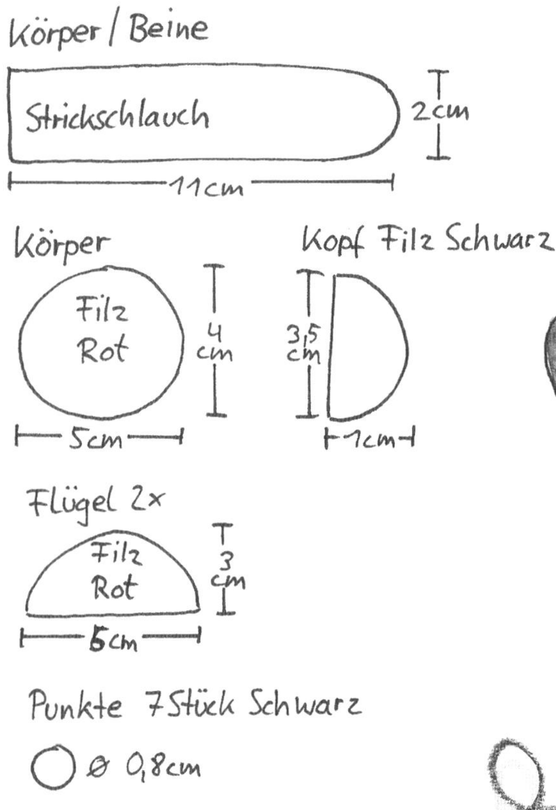

Das Osterei

Alter: ab 2 Jahren
Material: kleines Ei aus Pappmache

Die Spielleitung rollt das Ei vorsichtig über die Beine des sitzenden Kindes. Es fällt dabei mal zwischen die Beine des Kleinkindes und rollt auch mal seitlich etwas weg. Zum Schluss legt sie dem Kind das Ei in die Hand:

Heute Nacht um drei,
da gab es ein Geschrei.
Da zankten sich fünf Hasen
um ein Osterei.
Der Erste wollt es haben,
der Zweite lässt es los.
Der Dritte fällt in den Graben,
dem Vierten platzt die Hos.
Der Fünfte aber schnappt das Ei
und bringt es dir vorbei.
(Text: B. Kasprik)

Der kleine Igel

Bei diesem Spiel ist es sinnvoll, dass das Kind den Igelball bereits vorher ausgiebig mit allen Sinnen kennen lernen konnte. Erst dann wird es zulassen, dass der Ball über seinen Körper rollt und zum Igel wird.

Alter: ab 2 Jahren
Material: kleiner, weicher Igelball

Das Kleinkind sitzt auf dem Wickeltisch. Die Spielleitung fordert es auf, seine Hand auf den Wickeltisch zu legen, damit der Igel in seinem Nest schlafen kann:

Der kleine Igel liegt in seinem Blätterbett und schläft.
(Den Igelball in die Hand des Kindes legen und leicht bewegen.)

Er bewegt sich im Schlaf und dreht sich hin und her.
(Den Ball leicht über die Hand rollen.)

Plötzlich wird der Igel wach, denn er ist hungrig und sein Magen knurrt.
(Mit dem Ball in die Hand trommeln.)

Er macht sich auf den Weg, um Futter zu suchen.
(Langsam den Igelball den Arm hinaufrollen.)

Er sucht auf der ganzen Wiese und findet an einigen Stellen ein paar Leckerbissen.
(Mit dem Igelball weiter über den Körper rollen, an manchen Stellen etwas verweilen und den Ball kreisen lassen.)

Satt und erschöpft von seiner Wanderung macht sich der Igel dann wieder auf den Rückweg, um sich in sein Nest zu kuscheln.
(Mit dem Ball jetzt den anderen Arm hinunterrollen und den Ball in die Kinderhand legen.)

(Text: B. Kasprik)

Hops der Hase

Alter: ab 2 Jahren
Material: Hasen-Fingerpuppe (➜ Bastelanleitung, S. 48)

Die Spielleitung lässt den kleinen Fingerhasen Hops in wilden Sprüngen über den Körper des Kleinkindes hopsen. Die Berührungen des ganzen Körpers unterstützen die taktile Wahrnehmung des Kindes und regen die Auge-Hand-Koordination an. Das Kind verfolgt den Hasen mit den Augen und versucht ihn einzufangen:

So hoppelt der Hase bergauf –
hop-hop-hop.
So hoppelt der Hase bergab –
hop-hop-hop.
So hoppelt der Hase über das Feld –
hop-hop-hop.
So hoppelt der Hase weg – oh!
(Text: B. Kasprik)

Variante (ab 2½ Jahren)

Die Spielleitung hoppelt mit dem Hasen über den ganzen Körper des Kleinkindes und übt dabei mit dem Finger einen leichten Druck aus. So entsteht eine leichte Massage und das Kind spürt seine Körperteile genau:

Ein kleiner lustiger Hase,
der hoppelt hier im Grase.
Der/Die … wundert sich da sehr,
wo kommt denn der kleine Hase her?
Er versteckt sich gern im hohen Gras
und zwickt dich auch mal in die Nas.
Dann hoppelt er vom Fleck
und ist plötzlich wieder weg!
(Text: B. Kasprik)

Hinweis: Im Vers wird der jeweilige Name des Kleinkindes eingesetzt.

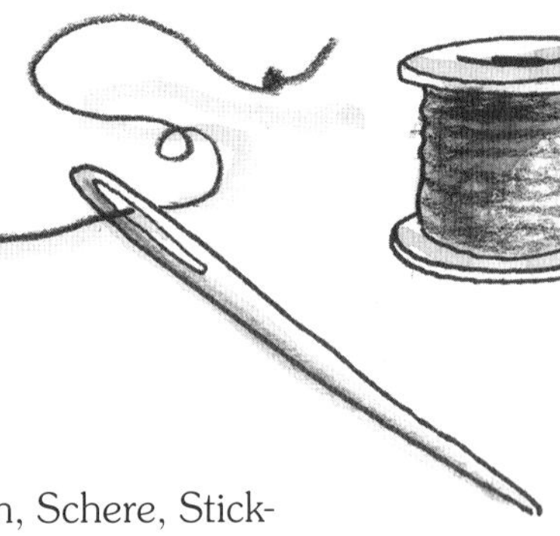

Bastelanleitung für die Hasen-Fingerpuppe

Material: Bastelfilz in den Farben Braun und Hellbraun, Schere, Stickgarn in den Farben Weiß, Schwarz, Blau und Rot, Sticknadel, Bastelkleber

Die Spielleitung schneidet nach Vorlage aus dem braunen Filz Körper und Ohren je zweimal aus. Auf einer Körperseite sticht sie im oberen Bereich (s. Abb.) mit dem Stickgarn ein Hasengesicht auf. Die Ohren steckt sie dann zwischen die Körperteile und stickt Ohren und Körper mit dem beschriebenen Stickstich zusammen. Aus dem hellbraunen Filz schneidet sie zwei längliche Ovale aus und klebt diese mit dem Bastelkleber auf die Ohren.

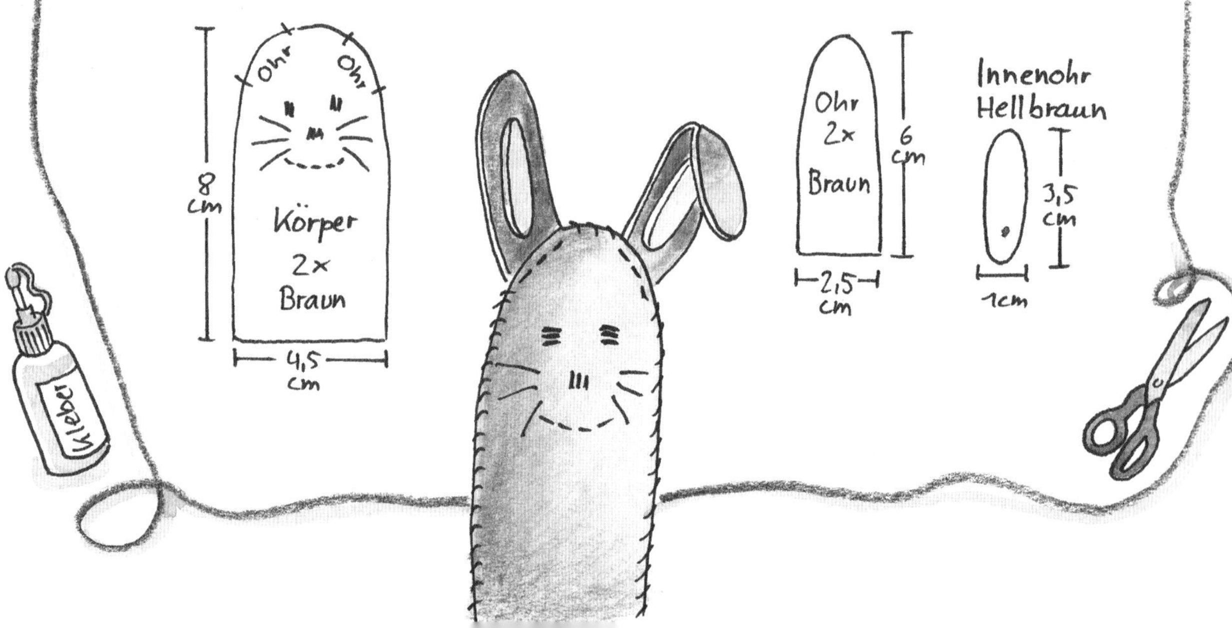

Mit dem Pinsel male ich

Damit das Kleinkind sich die nachfolgende Massagegeschichte gut vorstellen kann, sollte die Spielleitung vorher mit ihm zusammen malen.

Alter: ab 2½ Jahren
Material: weicher Kosmetikpinsel

Das Kleinkind liegt in Bauchlage oder sitzt auf dem Wickeltisch, sodass die Spielleitung mit dem Pinsel auf den nackten Rücken malen kann. Sie streicht zur folgenden Rückenmalgeschichte mit dem Pinsel über den Rücken des Kindes:

Du bist mein Malkasten.
(Mit der Handfläche über den ganzen Rücken des Kindes streichen.)

In meinem Malkasten gibt es schöne Farben, die sich in kleinen Töpfchen befinden.
(Mit der Handfläche einige Male kreisförmig über den Rücken fahren.)

Hier habe ich einen Pinsel, mit dem ich in der Farbe rühre.
(Den Pinsel zeigen und auf einer Stelle des Rückens schnell hin und her wedeln.)

Dann male ich viele Striche.
(Mit dem Pinsel einige Bahnen über den Rücken streichen.)

Jetzt nehme ich wieder Farbe auf und male ein paar Kreise.
(Wieder mit dem Pinsel hin und her wedeln und dann Kreise malen.)

Ich probiere eine neue Farbe aus und male schöne Wellen.
(Mit dem Pinsel hin und her wedeln und dann wellenförmig über den Rücken streichen.)

Jetzt ist mein Bild fertig! Vorsichtig puste ich es trocken.
(Mit der Handfläche über den Rücken streichen und über den Rücken pusten.)

(Text: B. Kasprik)

Hinweis: Das Spiel kann je nach Situation gekürzt oder erweitert werden.

Kleine Achterbahn-Massage

Bei der nachfolgenden Massage sollte darauf geachtet werden, dass die Bewegungen fließend sind und die Körpermitte des Kindes überschritten wird. Das Überkreuzen der Körpermitte unterstützt die Gehirnreifung des Kindes. Rechte und linke Körperseite werden wahrgenommen und das Zusammenspiel von rechter und linker Gehirnhälfte unterstützt.

Alter: ab 2½ Jahren
Material: Babymassageöl, Spielzeugauto

Das Kleinkind liegt auf dem Wickeltisch und schaut die Spielleitung an, die seinen nackten Oberkörper und Bauch mit Babymassageöl massiert:

Heute fährt das kleine Auto hier auf deiner neuen Achterbahn. Es fährt ganz langsam hin und her. Schau mal, wie es das kann!
(Dem Kind das Auto zeigen und es vor seinen Augen langsam hin und her bewegen, damit es das Auto verfolgen kann.)

Bevor es so richtig losgehen kann, muss ich noch die Bahn säubern. Das Auto darf so lange bei dir parken.
(Dem Kind das Auto in die Hand geben. Durch Reiben die eigenen Finger anwärmen, etwas Öl in die Hände geben und auf dem Körper verreiben.)

Einige Male fährt das Straßenreinigungsauto jetzt die Achterbahn entlang.
(Eine Handfläche in Form einer liegenden Acht über den Oberkörper des Kindes bewegen, dabei bis über die rechte und linke Schulter streichen. Die andere Hand liegt am Körper des Kindes. Die liegende Acht ein paar Mal wiederholen, solange dies vom Kind geduldet wird.)

Jetzt ist alles vorbereitet, soll das Auto nun die Achterbahn entlangfahren?
(Vorsichtig, wie gerade beschrieben, mit dem Spielzeugauto über den Oberkörper des Kindes fahren. Wenn das Kind das Auto nicht aus der Hand geben möchte, dann die liegende Acht noch einmal mit der anderen Hand nachvollziehen.)

(Text: B. Kasprik)

Lustige Stadtrundfahrt

Geeignet für alle Kinder, die von kleinen Autos nicht genug kriegen können.

Alter: ab 2½ Jahren
Material: kleines Spielzeugauto

Das Kleinkind sitzt bei diesem Spiel angezogen auf dem Wickeltisch. Die Spielleitung versteckt das Auto in der Hosenöffnung oberhalb des Fußes oder unter dem Bein des Kindes:

Das Auto fährt aus der Garage heraus, es will heute mal durch die Stadt fahren.
(Das Auto hervorholen und auf den Unterschenkel stellen.)

Langsam fährt es die Straße entlang.
(Mit dem Auto das Bein entlangfahren.)

Oh, jetzt kommt ein riesiger Berg. Hier muss das Auto ganz viel Gas geben und benötigt deine Hilfe.
(Mit dem Auto über den Bauch zur Schulter fahren und das Kind dazu motivieren, ein lautes Motorengeräusch zu machen.)

Da ist es auch schon am Aussichtsplatz angekommen.
(Das Auto auf der Schulter hin und her rollen.)

Oh, da gibt es aber eine schöne breite Straße, die kann das Auto hinunter sausen – juhu!
(Mit dem Auto den Arm hinunterfahren.)

Jetzt nur noch mit dem Auto einen Parkplatz finden und es abstellen.
(Mit dem Auto unter die Hand des Kindes fahren oder das Kind auffordern, mit der Hand eine Parkgarage zu formen, in die das Auto hineinfahren kann.)

Hinweis: Bereitet die Automassage dem Kind Freude, dann fährt das Auto noch weiter über andere Körperteile.

(Text: B. Kasprik)

Anregende Bewegungsspiele für kleine Leute

21 Verse und Spiele für eine bewusste Körperwahrnehmung und als Vorbereitung auf das Sitzen, Krabbeln und Stehen

Bewegungsanregungen auf dem Wickeltisch ermöglichen dem Baby und Kleinkind, Bewegungsfortschritte aus eigener Kraft zu bewältigen. Dabei handelt es sich um Impulse und sanfte Übungen, die im Gleichklang mit der individuellen Entwicklung des Kindes stehen, um so seine muskulären und koordinativen Fähigkeiten zu stärken.

Der Erwachsene gibt dem Baby bzw. Kleinkind Impulse und unterstützt das Kind so mit gezielten Hilfen bei der Ausführung seiner Bewegungen. Macht ein Baby zum Beispiel Anstalten, sich zu drehen, so wird eine Berührung an derjenigen Schulterseite, über die es sich umdrehen möchte, dem Kind den Weg weisen, sich alleine in diese Richtung umzudrehen. Am besten lassen sich bestimmte Bewegungsmuster in Übergangsphasen zu einer neuen Bewegungsform anbahnen, z. B. kreuzdiagonale Bewegungen als Vorstufe zum Krabbeln.
Durch das Wiederholen von Bewegungen wird das Kind seine gesamte Muskulatur kräftigen und ihm dann den nötigen Halt für andere Bewegungen geben. Eine kräftige Rumpfmuskulatur gibt dem Kind in seiner Körpermitte die nötige Sicherheit, um sich in jeder neuen Körperstellung neu auszubalancieren und sein Gleichgewicht herzustellen. Dies fällt dem Kind umso leichter, wenn es seine Bewegungsentwicklung im eigenen Tempo und nach eigenen Fähigkeiten vorantreiben kann.

Auch wenn es sich nachfolgend nur um Spielanregungen handelt, so sollten diese deshalb nie gegen den Willen des Kindes durchgeführt werden und immer mit einem Blick auf aktuelle Bewegungsbedürfnisse des Kindes. Ziel ist es, das Kind dort „abzuholen", wo es sich in seiner Entwicklung gerade befindet. Vielleicht will es sich gerade Hinstellen, hat aber noch nicht genügend Halt und Rückenmuskulatur entwickelt. Dann kann der Erwachsene hier ansetzen und dem Kind Hilfen anbieten. Dabei bietet es sich an, die Übungen in den alltäglichen Umgang mit dem Kind einzubinden, z. B. beim Aufnehmen, beim Wickeln oder Füttern.

Im Folgenden werden verschiedene Bewegungsanregungen vorgestellt, die das Körperbewusstsein, die Muskulatur und Koordination aufbauen und die Freude an der Bewegung unterstützen. Die Anregungen und Spiele können mit Babys ab einem ½ Jahr durchgeführt werden und machen auch älteren Wickelkindern Freude. Unabhängig vom Alter ist jedoch der tatsächliche Stand der Bewegungsentwicklung eines Kindes zu berücksichtigen. Dies gilt vor allem auch bei Kindern, die in ihrer Motorik beeinträchtigt sind, denn hier stimmen Alter und Entwicklungsstand nicht unbedingt überein. Spielanregungen in der Rücken- oder Bauchlage geben diesen Kindern die größtmögliche Sicherheit. So können sie sich aus einer sicheren Körperlage auf die Bewegungen ihres Körpers einlassen.

Stärkung des Körperbewusstseins

Diese Übungen bringen das Baby bzw. das Kleinkind nicht nur in Bewegung, sondern helfen ihm auch dabei, ein Bild von sich selbst und seinem Körper zu entwickeln. Es entdeckt sein oben und unten, die Mitte des Körpers und nimmt die rechte und die linke Körperseite bewusst wahr. Das Kind erfährt immer mehr über sich selbst, entwickelt ein Bild von sich und erfährt die Begrenzungen seines Körpers. Dazu werden die Hände, Arme, Beine und Füße gehalten, gestreichelt und bewegt, damit sie das Kind intensiv spüren kann. Außerdem benennt der Erwachsene den jeweiligen Körperteil, sodass sich im Laufe der Zeit diese Wörter beim Kind einprägen und es entsprechend reagieren kann, indem es dem gesprochenen Wort einen Körperteil zuordnet und ihn dem Erwachsenen entgegenstreckt.
Diese Bewegungsideen werden auf dem Wickeltisch in Rückenlage oder im Sitz durchgeführt. Arme und Beine werden mit dem Kind und nicht gegen seinen Widerstand bewegt. Ein gegenseitiger Blickkontakt und die verbale Begleitung dessen, was mit dem Kind geschieht, stärken die sozialen Bindungen und geben dem Kind Sicherheit.

Grundübungen 1

Die folgenden Anregungen sind erste einfache Impulse, um das Baby bzw. das Kleinkind zu bewegen und ihm seinen Körper bewusst zu machen. Angefangen beim Kopf, über die Hände und Arme, zum Bauch, bis hin zu den Beinen und Füßen entsteht beim Kind ein Gesamtbild von seinem Körper.

Alter: ab 6 Monaten

Das Baby liegt in Rückenlage. Die Spielleitung legt ihre Hände auf den Kopf des Babys und streichelt diesen sanft. Dabei bittet sie es die nachfolgenden Bewegungen zuzulassen:

- (1) Die Spielleitung streicht sanft einige Male über die Handfläche des Babys und öffnet diese dabei. Dann streicht sie die einzelnen Finger sanft zur Fingerkuppe hin aus. Waren alle Finger an der Reihe, streichelt sie über die Handoberseite in Richtung der Finger.
- (2) Die Spielleitung umfasst die Hände des Kindes, indem sie dem Kind ihre Daumen zum Greifen in die Handflächen legt. Sie führt die Arme des Kindes zur Körperseite und beschreibt damit langsam kleine Kreise.
- (3) Die Spielleitung führt die Hände des Kindes vor dem Bauch zusammen, sodass sich die Hände in der Mitte treffen. Sie öffnet die Arme wieder zur Seite und wiederholt die Bewegungen einige Male.
- (4) Bei der letzten Übung für die Arme führt die Spielleitung die Arme langsam nach oben und legt sie zurück neben den Körper. Auch diese Übung kann wiederholt werden.
- (5) Die Spielleitung legt die Füße des Babys in ihre Hände und umschließt diese. Nach einem Moment des Innehaltens streicht sie mit ihrer Handfläche von der Ferse bis zu den Fußspitzen über die Fußsohlen des Kindes. Nach einigen Wiederholungen streicht sie auch die einzelnen Zehen am Fuß zwischen Daumen und Zeigefinger sanft aus. Dazu kann das Kind sitzen oder auf dem Rücken liegen.

- (6) Die Spielleitung streicht mit den Händen von den Hüften, über die Beine des Kindes bis zu den Füßen und nimmt diese dann in ihre Hände. Sie beugt beide Beine sanft Richtung Bauch und streckt sie dann wieder. Die Beine werden jetzt abwechselnd langsam gebeugt und gestreckt. Diese Bewegungen werden langsam und ohne Druck durchgeführt, um die Hüfte des Kindes nicht zu belasten.

Hinweis: Für diese Übung sollte das Baby eigenständig und ausgelassen Strampeln können, damit es sich auf neue Bewegungsmuster einstellen kann. Zeigt das Baby eine starke Anspannung der Beine, dann kann die Spielleitung dem Kind durch verschiedene Massagemethoden wie Streichen und Wringen helfen, die Beinmuskulatur zu entspannen, um es für eine andere Beinhaltung zu sensibilisieren. Erst dann ist eine anbeugende Bewegung möglich.

- (7) Die Spielleitung beugt die Beine des Kindes so, dass sich die Fußsohlen berühren und aneinanderklatschen.
- (8) Zum Schluss streicheln die Hände der Spielleitung über den gesamten Körper des Kindes, um dem Kind so ein Gesamtbild seines Körpers zu vermitteln: Sie streicht über den Kopf zu den Schultern, die Arme und Hände hinab und hinauf, über die Brust und den Bauch zu den Beinen.

Mit Fingerchen, mit Fingerchen ...

Alter: ab 6 Monaten

Die Spielleitung stellt den Vers zusammen mit dem Baby auf seinem Körper dar. Nach einigen Wiederholungen ahmt das Baby die Bewegungen in der Regel nach.
Die Spielleitung ergreift zuerst die Finger, dann die Hände des Babys. Sie legt die Hände zu Fäusten zusammen und schlägt diese vorsichtig gegeneinander. Sie tippt auf die Ellbogen des Babys und klatscht diese vorsichtig auf die Wickelunterlage. Sie legt ihre Hände, als Schale geformt, auf den Kopf des Babys, formt sich aus ihren Zeigefingern und Daumen eine Brille und legt ihren Zeigefinger dann auf ihren Mund. Jetzt zählt sie 1, 2, 3:

Mit Fingerchen, mit Fingerchen,
mit ganzer, ganzer Hand.
Mit Fäusten, mit Fäusten,
mit Ellenbogen, platsch, platsch, platsch.
Leg die Hände auf den Kopf,
mach daraus einen Blumentopf.
Leg die Finger zu'ner Brille
und dann sei einmal ganz stille ..., pssst.
Eins – zwei – drei.
(Text: mündl. überliefert)

Backe, backe Kuchen

Alter: ab 6 Monaten

Die Spielleitung nimmt die Hände des Babys und klatscht diese zum Rhythmus des Verses zusammen:

Backe, backe Kuchen,
der Bäcker hat gerufen.
Wer will einen Kuchen backen,
der muss haben sieben Sachen:
Eier und Schmalz, Zucker und Salz,
Milch und Mehl, Safran macht den Kuchen gel.
(Text: mündl. überliefert)

Alles ist verschwunden

Alter: ab 6 Monaten

Die Spielleitung verdeckt mit den Händen die jeweiligen genannten Körperteile des Babys. Dann kommen die Körperteile wieder zum Vorschein und beide klatschen in die Hände. Nach einigen Wiederholungen kann das Baby seine Körperteile oftmals bereits selbst verdecken und wieder hervorholen:

Meine Hände sind verschwunden,
ich habe keine Hände mehr.
Ei, da sind die Hände wieder –
Tralalala lalala!
Meine Nase ist verschwunden,
ich habe keine Nase mehr.
Ei, da ist die Nase wieder –
Tralalala lalala!
Mein Mund ...
Meine Augen ...
Meine Ohren ...
Meine Füße ...
(Text: mündl. überliefert)

Hampelmann

Alter: ab 8 Monaten

Dem Hampelmann werden verschiedene Kleidungsstücke angezogen. Die Spielleitung berührt jeweils die passenden Körperteile des Kindes: Sie streichelt die Beine, wenn die Hose, bzw. den Oberkörper und die Arme, wenn eine Jacke angezogen wird. Sie fasst an die Füße, um die Schuhe anzuziehen und hält den Kopf, um eine Mütze aufzusetzen. Schließlich tippt sie auf den Bauch des Kindes:

Jetzt zieht Hampelmann,
jetzt zieht Hampelmann sich seine Hose an.
Oh, du mein Hampelmann,
mein Hampelmann, mein Hampelmann.
Oh, du mein Hampelmann,
mein Hampelmann bist du!
(Text und Melodie: mündl. überliefert)

Hinweis: Das Wort „Hose“ wird passend ersetzt durch „Jacke“, „Schuhe“, …

Ri-ra-Rutsche

Alter: ab 8 Monaten

Das Baby sitzt auf dem Wickeltisch. Die Spielleitung steht nah vor ihm, sodass sich beide an den Händen halten können. Die Arme werden in einer gegengleichen Bewegung zum Körper hin und vom Körper weg bewegt:

Ri-ra-rutsche, wir fahren mit der Kutsche,
wir fahren übers Brückchen,
wir fahren noch ein Stückchen
und 1 – 2 – 3, da bricht die Brücke entzwei.
(Text: mündl. überliefert)

Oh, mein kleiner Kuschelbär

Alter: ab 9 Monaten

Die Spielleitung schaukelt das Baby, anfangs im Sitzen oder in der Rückenlage langsam auf die rechte und linke Körperseite, indem sie mit ihren Armen den Körper des Kindes seitlich umfasst. Dann verteilt sie Streicheleinheiten an die benannten Körperteile:

Oh, mein kleiner Kuschelbär,
komm doch ganz schnell mal her!
Oh mein kleiner Kuschelbär,
komm doch mal her!
Dann streichel' ich deine Arme, Arme, Arme.
(Text: mündl. überliefert, Melodie: Oh, du lieber Augustin)

Hinweis: Die „Arme" im letzten Textteil können beliebig durch andere gestreichelte Körperteile ersetzt werden.

Mit Zehen, mit Zehen ...

Alter: ab 6 Monaten

Das Baby liegt mit dem Rücken auf dem Wickeltisch. Die Spielleitung bewegt die Körperteile passend zum Reim. Abschließend hebt sie beide Beine zuerst hoch und macht mit den Beinchen dann schnelle Laufbewegungen:

Mit Zehen, mit Zehen,
mit flachem, flachem Fuß.
Mit Füßen, mit Füßen,
mit beiden Beinen – hui!
Mit beiden Beinen – lauf, lauf, lauf!
(Text: mündl. überliefert)

Guten Tag, Herr Fuß

Alter: ab 6 Monaten

Die Spielleitung nimmt den Fuß des Babys in die Hand und begrüßt diesen. Dann gibt's einen Kuss auf die Fußsohle und der Fuß wird wieder verabschiedet. Jetzt ist der andere Fuß an der Reihe:

Guten Tag, Herr Fuß,
ich gebe dir einen Kuss.
Nun muss ich aber gehen
und sag „Auf Wiedersehen".
(Text: B. Kasprik)

Zehchen lang ...

Alter: ab 6 Monaten

Die Spielleitung berührt passend zum Text die Zehen, den Fuß, das Knie und den Bauch und streicht an ihnen entlang:

Zehchen lang, Füßchen gang,
Kniechen knick, Bäuchlein dick.
(Text: mündl. überliefert)

Tschüss, auf Wiedersehn

Alter: ab 6 Monaten

Dieses Lied eignet sich sehr gut als Abschluss der beschriebenen Übungen und beendet für das Kind diese Bewegungsphase.
Die Spielleitung nimmt die Füße des Babys in die Hände und bewegt sie langsam zum gesprochenen Text. Am Ende winkt sie dem Kind zu und verabschiedet es mit einem Kuss vom Wickeltisch:

Erst wackeln mit den Füßen,
dann wackeln mit den Zehen,
wir winken mit den Händen,
tschüss, auf Wiedersehn
und 1 – 2 – 3 zum Schluss,
dann gibt's noch einen Kuss.
(Text und Melodie: B. Kasprik)

Das Krabbeln vorbereiten

Bei den nachfolgenden Spielen werden Arme und Beine des Babys und Kleinkindes nicht nur gebeugt und gestreckt, sondern es wird bei der Bewegung auch die Körpermitte überkreuzt. Durch die Überkreuzung der Körpermitte nimmt sich das Kind als Ganzes wahr, denn es bringt dabei im Gehirn seine rechte und linke Körperseite miteinander in Zusammenhang. Dadurch werden Verknüpfungen der beiden Gehirnhälften durch den Aufbau von Nervenzellen vorgenommen. Auch beim Krabbeln führt das Kind kreuzdiagonale Bewegungen aus. Die Spielanregungen bereiten so das Krabbeln vor, da die Koordination von Armen und Beinen angebahnt wird. Gleichzeitig werden aber auch das Gleichgewicht, das taktile und das kinästhetische Empfinden angeregt.

Grundübungen 2

Diese folgenden Übungen können einzeln und aufeinander folgend angeboten werden. Mit etwas Übung ist es möglich, diese Bewegungsanregungen später mit den beschriebenen Versen zu begleiten. Für die Übungen sollten die Babys mindestens ½ Jahr alt sein. Eine Ausnahme machen hierbei die Übungen Nummer 12 und 13, für die das Kind schon ein Jahr oder älter sein sollte.

Alter: ab 6 Monaten

Für die Übungen 9–11 liegt das Kind in Rückenlage auf dem Wickeltisch:

- (9) Die Spielleitung führt die Arme des Babys zwei- bis dreimal zur Seite und wieder zurück und überkreuzt sie dann über der Brust des Kindes.
- (10) Die Spielleitung fasst den rechten Arm und das linke Bein des Babys und beugt und streckt sie gleichzeitig langsam; Seite wechseln nach einigen Wiederholungen.
- (11) Die Spielleitung führt das rechte Bein und die linke Hand diagonal über den Bauch des Babys zusammen. Das Kind kann sich am eigenen Fuß kitzeln; Seite wechseln nach einigen Wiederholungen.
- (12) Die Spielleitung steht dicht vor dem Wickeltisch, sodass das Kleinkind sich im Sitz mit dem Rücken an sie anlehnen kann. Die Spielleitung umfasst die Hüfte seitlich mit ihren Händen, wobei die Daumen im Lendenbereich rechts und links neben der Wirbelsäule liegen. Die Daumen üben sanften Druck aus und geben so dem Kind den Impuls, sich in der Wirbelsäule gerade aufzurichten.

  Dann legt sie ihre Unterarme und Hände auf die Beine des Kindes. Sie schiebt ihren linken Arm und die linke Oberkörperseite etwas vor und gibt dem Kind damit einen Impuls, sein linkes Bein zu strecken und die linke Seite der Hüfte vorzuschieben. Das rechte Bein hält die Spielleitung gleichzeitig gebeugt. Das Beugen und Strecken der Beine geschehen im Wechsel und langsam mal mit der rechten, mal mit der linken Seite. Diese Rotation in der Hüfte bereitet das Krabbeln und Gehen vor.

  Hinweis: Diese Übung sollte erst angeboten werden, sobald das Kleinkind gut und sicher sitzen kann, etwa mit einem Jahr.

- (13) Die Spielleitung legt ihre Hände auf die Schultern des Kleinkindes. Mit der rechten Hand streichelt sie nun diagonal über den Rücken bis hin zur linken Hüftseite und zurück. Die inaktive Hand ruht so lange auf der Schulter und setzt ein, sobald die aktive Hand wieder auf der Schulter angekommen ist. Diese Hand streicht nun von der linken zur rechten Seite und zurück. Hierbei kann sich das Kind entweder in der Bauchlage befinden oder sitzen.

Rudern

Alter: ab 6 Monaten

Die Spielleitung greift die Arme des Babys und führt diese zu den Körperseiten. Zum Spruch überkreuzt sie im Wechsel die Arme des Babys über dem Brustkorb und führt diese dann wieder zurück zur Seite:

Das Kind hat bunte Handschuh an,
damit es prima rudern kann.
Es rudert einmal hin und her,
denn rudern fällt ihm gar nicht schwer.
(Text: B. Kasprik)

Strampel hin und her

Alter: ab 6 Monaten

Die Spielleitung nimmt die Beine des Babys in ihre Hände. Zum Spruch werden beide Beine abwechselnd sanft an den Bauch angebeugt:

Das Kind hat bunte Turnschuh' an,
damit es besser strampeln kann.
Es strampelt einmal hin und her,
denn strampeln fällt ihm gar nicht schwer.
(Text: B. Kasprik)

Hampel und Strampel

Alter: ab 10 Monaten

Die Spielleitung spielt behutsam mit beiden Beinen des Babys. Zu Beginn begrüßt sie beide Beine, indem sie diese in ihre Hände nimmt und nacheinander auf und ab wiegt. Dann bewegt sie beide Beine mit leichten Strampelbewegungen und klatscht schließlich die Fußsohlen zusammen. Sobald die Katze um die Ecke kommt, bewegt sie die Beine wieder mit Strampelbewegungen. Das Kleinkind wird bei wiederholtem Spiel gespannt auf diese Textstelle warten, um dann alleine loszustrampeln:

„Guten Morgen, ihr Beinchen,
wie heißt ihr denn?
Ich heiße Hampel! –
Und ich heiße Strampel!
Ich bin das Füßchen Tunichgut. –
Und ich das Füßchen Übermut."
Tunichgut und Übermut,
die gehen auf die Reise.
Patsch durch alle Sümpfe,
nass sind Schuh und Strümpfe.
Kommt die Katze um die Eck' ...,
laufen alle beide weg.
(Text: mündl. überliefert)

Aus dem Gleichgewicht kommen

Beim Wickeln erlebt das Kind verschiedene Körperpositionen, die es anfangs noch verwirren können. Es wird zur Seite gedreht, aufgenommen und wieder hingelegt. Auch beim Tragen, Wiegen und Schaukeln erlebt es ständig andere Reize auf sein Gleichgewichtssystem, das dadurch herausgefordert und angeregt wird. Im Laufe seiner Bewegungsentwicklung findet ein ständiges Wechselspiel zwischen einer sicheren und einer unsicheren Position statt. Dadurch muss sich das Kind immer wieder auf eine neue Situation einstellen und passt ganz unbewusst sein Gleichgewichtssystem an die Reize an. Dies ist eine wichtige Voraussetzung für die weitere Entwicklung der Bewegung bis zum freien Stand und zum freien Gehen.
In den folgenden Spielanregungen wird das Baby bzw. Kleinkind bewegt und geschaukelt. Es verlässt dadurch immer wieder sein sicheres Gleichgewicht, um es dann mit Hilfe des Erwachsenen wiederzuerlangen. Die Kinder sollten für die Spielanregungen zehn Monate und älter sein. Mit beeinträchtigten Kindern werden die Spiele sehr behutsam und langsam durchgeführt.

Kleiner Hampelmann

Alter: ab 10 Monaten

Das Baby liegt in Rückenlage. Die Spielleitung streicht über die Arme und Beine des Babys, um dem Kind diese auf beiden Körperseiten bewusst zu machen. Dann umfasst die Spielleitung den Rumpf des Kindes auf beiden Körperseiten und schaukelt es mal auf die rechte und mal auf die linke Körperseite:

Ich bin der kleine Hampelmann,
der Arm und Bein bewegen kann.
Mal hin – mal her! Mal kreuz – mal quer!
(Text: überliefert, abgewandelt von: B. Kasprik)

Herr Pinz und Herr Panz

Alter: ab 10 Monaten

Die Spielleitung nimmt die Beine des Babys in ihre Hände, bewegt sie zum ersten Vers abwechselnd auf und ab und dann wie beschrieben:

Herr Pinz und Herr Panz,
die gingen zum Tanz.
Es gingen zum Tanz,
Herr Pinz und Herr Panz.
Erst machten sie so,
(Beine hochheben.)
dann machten sie so,
(Beine zur Seite legen.)
dann machten sie so
(Beine zur anderen Seite legen.)
und dann strampelten sie froh!
(Beine strampeln.)

(Text: mündl. überliefert)

Schaukelzwerg

Alter: ab 1 Jahr

Das Kleinkind liegt in Rückenlage auf dem Wickeltisch. Die Spielleitung hält das Kind mit seinen Händen und Unterarmen umfasst und bewegt es schaukelnd gleichmäßig und langsam von der einen zur anderen Körperseite. Die Schaukelbewegung wird passend zum Text unterbrochen und neu begonnen:

Hier liegt ein kleiner Schaukelzwerg,
der schaukelt auf dem Kissenberg.
Er schaukelt immer hin und her.
Das Schaukeln fällt ihm gar nicht schwer.
Und wenn er nicht mehr kann,
dann – hält er einfach an.
Und wenn er doch noch kann,
dann – fängt er von vorne an.
(Text: B. Kasprik)

Autofahren

Alter: ab $1\frac{1}{2}$ Jahren

Die Spielleitung fragt das Kind, ob es mit ihr Auto fahren möchte und setz das Kleinkind auf den Wickeltisch. Sie schnallt es auch an, indem sie es am Rumpf festhält. Dann beginnt das Spiel und die Spielleitung bewegt das Kind passend zum Spielvers. Bei der Führerscheinkontrolle klatscht das Kind auf die ausgestreckte Hand der Spielleitung. Auf der Holperstrecke hebt die Spielleitung das Kind leicht an, bewegt es dann hin und her und setzt es schließlich mit einem Plumps auf dem Wickeltisch ab:

Autofahren, Autofahren,
heute woll'n wir Autofahren.
Einsteigen, Anschnallen,
los geht die Fahrt!
Gerade Strecke, gerade Strecke.
Kurven, Kurven, Kurven, Kurven.
Gerade Strecke, gerade Strecke.
Halt Polizei – Führerschein bitte!
Weiterfahren, Weiterfahren.
Holperstrecke, Holperstrecke.
Und da kommt ein Loch – Bumm!
(Text: B. Kasprik)

Große Uhren machen tick-tack

Alter: ab $1\frac{1}{2}$ Jahren

Die Spielanleitung bewegt das Kleinkind zum nachfolgenden Vers:

Große Uhren machen tick-tack, tick-tack!
(Kind im Sitzen langsam hin und her bewegen.)

Kleine Uhren machen ticke-tacke, ticke-tacke, ticke-tacke!
(Kind etwas schneller bewegen.)

Und die Kirchturmuhr macht bim-bam, bim-bam, bim-bam!
(Kind hochnehmen und absetzen.)

Und der Wecker, der macht rrrrrrrrr!
(Kind am Bauch kitzeln.)

(Text: mündl. überliefert)

Muckis für den Rücken

Das Kind benötigt für die Entwicklung seiner Bewegung eine gute Rumpfmuskulatur, um eine Veränderung seiner Körperlage vorzunehmen. Denn viel Kraft und eine gute Muskulatur sind notwendig, um den Kopf in der Bauchlage anzuheben, in den Seitstütz zu gelangen oder den Sitz und Stand zu erreichen. Im Laufe der Zeit wird das Baby immer mobiler und trainiert und verbessert so ganz nebenbei seine Muskulatur, die es zum Aufrichten seines Körpers benötigt.

Grundübungen 3

Die Spielanregungen 14, 15 und 17 stärken die Rückenmuskulatur des Babys. Bei Übung 16 gibt die Spielleitung dem Kind nur einen Impuls, so kann sich das Kind aktiv bewegen. Motorisch beeinträchtigte Kinder erleben hierdurch eine selbstbestimmte Bewegungsmöglichkeit. Diese Übung kann dann auch noch bis zum 3. Lebensjahr und darüber hinaus angeboten werden und erleichtert dem Erwachsenen das Lagern des Kindes.

Alter: ab 6 Monaten
Material: Bilderbuch oder Pustefix, Spielauto und dicke Handtuchrolle

- (14) Das Baby liegt in der Bauchlage, quer auf dem Wickeltisch. Die Spielleitung motiviert es, seinen Kopf anzuheben und sich auf die Unterarme aufzustützen, indem sie z. B. ein Bilderbuch zum Betrachten aufstellt oder Seifenblasen pustet.
- (15) Das Baby liegt in der Bauchlage auf einer dicken Handtuchrolle, quer auf dem Wickeltisch. Es liegt etwas gebogen und ist so motiviert, sich mit den Händen vorne aufzustützen oder dort auch etwas zu ergreifen.
- (16) In der Rückenlage legt die Spielleitung das linke Bein des Babys über das rechte Bein. Dann ergreift sie die linke Hand des Kindes und gibt dem Kind mit der Hand einen leichten Impuls zur rechten Körperseite, indem sie den linken Arm des Babys etwas in diese Richtung bewegt. Durch den Impuls über die Körpermitte, wird sich das Kind selbstständig zur rechten Seite drehen wollen. Danach wird das Baby langsam wieder zur Mitte gelegt und nach einer Weile die Seite gewechselt.
- (17) In der Rückenlage fordert die Spielleitung das Kleinkind auf, seine Füße aufzustellen und den unteren Rücken und Popo von der Unterlage abzuheben. Das Kind hält diese Position für einen kurzen Augenblick. Jetzt kann ein Auto unter der Brücke herfahren oder einfach die Windel gewechselt werden .

Hinweis: Diese Körperhaltung kann bewusst erst von 1½ jährigen Kindern ausgeführt werden (→ S. 51).

Fantasievolle Spielmaterialien zum Selbermachen

23 Ideen für Mobiles, Spielzeug & Co. zum Tasten, Hören und Ausprobieren

Jedes Baby und Kleinkind geht von sich aus auf Entdeckungsreise, denn es ist neugierig und interessiert an der Welt, die es umgibt. Anfangs lernt es sich selbst kennen, um danach, wenn es mobiler geworden ist, auch seine Umgebung zu erforschen **(sensomotorisches Spiel).** Mit der Handlung oder Bewegung beantwortet das Kind gemachte Sinneseindrücke. Kinder lernen in den ersten Jahren auf unbewussten Wegen, denn sie nehmen ihre Umwelt noch ganzheitlich wahr. Die Bedeutung der körpernahen Umwelt wird vom Kind dabei direkt über die Sinnesempfindungen erfasst. Durch Anregungen und Wiederholungen werden alle Wahrnehmungsbereiche immer sensibler und auch die dazugehörenden Bewegungshandlungen immer differenzierter. Das Kind erlebt, dass sein Tun etwas bewirkt und hat daran große Freude. Dabei erhält es viele Informationen über seinen Körper und seine Wahrnehmung sowie über die Beschaffenheit und Funktion von Dingen und über sein Wirken auf Materialien und Personen.

Die Erwachsenen werden hierbei zu Gestaltern einer abwechslungsreichen Umgebung, mit interessanten Spielmaterialien, die die Neugier des Babys oder Kleinkindes wecken. In der ersten Zeit sind dies Materialien zum Greifen, Betasten, Sehen und Hören, die selbst hergestellt werden können und alle Wahrnehmungsbereiche ansprechen.
Aber auch einfache Dinge aus dem täglichen Leben üben einen großen Reiz aus. Dies können Gegenstände aus der Küche wie verschieden große Plastikschüsseln mit Deckeln, Becher, Kochlöffel, Schneebesen, Kartoffelstampfer und Siebe oder andere Haushaltsgegenstände wie Wäscheklammern, Schachteln und Dosen mit Deckeln sein. Alles, was Erwachsene benutzen, ist für die Babys und Kleinkinder von besonderem Interesse.
Auch unterschiedliche Papiere und Verpackungsmaterialien (z. B. Geschenkpapier, Pergamentpapier, Toilettenpapierrollen, Einlagen von Pralinenkästen, Plastik mit eingeschweißten Luftpolstern) motivieren zum (Be-)Greifen und Geräuschemachen.

Alle diese Materialien sind vom Kind mehrdimensional benutzbar, da sie einen großen Handlungsspielraum ermöglichen. Im Moment steht dabei die Freude am Tun im Vordergrund, denn es geht darum, mit den angebotenen Materialien zu hantieren und sie dadurch besser kennen zu lernen **(Materialerfahrung).** Materialien erfahren, meint das (Be-)Greifen der physikalischen Eigenschaften einer Sache und liefert dem Kind Informationen: Wie fühlt es sich an? Ist es schwer oder leicht? Bewegt es sich?

Materialien haben die unterschiedlichsten Eigenschaften und regen Babys und Kleinkinder so zum Erkunden an. Dazu probiert das Kind Verschiedenes mit dem Material aus und wiederholt seine Handlungen, falls diese erfolgreich waren. Um dem Kind das Experimentieren zu ermöglichen, benötigt es Zeit, liebevolle Ansprache und ein überschaubares Angebot, das seine Sinneswahrnehmungen nicht überfordert. Sobald dieser Erkundungsprozess abgeschlossen ist, werden Erfahrungen mit einem Material mit Erfahrungen mit anderen Materialien verglichen und gedanklich einsortiert. Jetzt werden die verschiedenen Materialien im Spiel miteinander kombiniert und der Erfahrungsprozess kann von Neuem beginnen. Erst wenn das Kind alle Informationen über einen Gegenstand erforscht hat, kann es sich neuen Aufgaben zuwenden. Denn jetzt kann es seine gemachten Erfahrungen mit den neuen vergleichen und einordnen. Viele Reize strömen anfangs ungebremst auf den kleinen Menschen ein, der erst lernen muss, die wichtigen Reize von den unwichtigen zu unterscheiden. Später – im Zuge der kognitiven Weiterentwicklung – lernt es, überlegt zu handeln, und hantiert gezielt mit den verschiedenen Materialien, sobald ihm diese angeboten werden. Das Kleinkind vergleicht die Eigenschaften der Materialien mit denen, die es zu einem früheren Zeitpunkt untersucht hat, und überlegt, wie es Materialien und Gegenstände in einer neuen Situation anwenden könnte oder wie sie mit anderen Materialien und Gegenständen kombiniert werden könnten **(Nachahmendes Spiel).** Dabei fließen auch die Erfahrungen aus Beobachtungen anderer Personen mit ein.

Die Motivation eines Kindes am Erforschen seiner Umgebung kann aber auch eingeschränkt sein. Dies ist der Fall, wenn sich das Kind körperlich unwohl fühlt, es verunsichert und ängstlich ist oder die jeweilige Atmosphäre nicht stimmt. Auch ein vorschnelles Vorwegnehmen von Lösungen und unnötige Unterbrechungen der Aktivität behindern die kindliche Konzentration. Hier sollte die Spielleitung sehr sensibel sein und dem Kind eine spielfreudige Atmosphäre schaffen, in der sich beide wohlfühlen, denn Kinder haben Lust am Ausprobieren. So fühlen sie sich nicht allein gelassen und können ihre Erlebnisse teilen. Dort, wo Kinder in einer vertrauten Atmosphäre ein überschaubares Angebot vorfinden und beim Spielen begleitet werden, können sie selbstständig aktiv werden.

Um den Babys und Kleinkindern eine anregende Spielumgebung zu bieten, können auch selbstgestaltete Spielmaterialen verwendet werden. Nachfolgend werden vielfältige Anregungen hierzu gegeben.

Gespenster-Mobile

Alter: ab 2 Monaten
Material: 6 Seidentücher in den Farben Gelb, Rot, Blau, Grün, Orange, Lila, etwas Füllwatte für die Köpfe, Schere, Nähseide, Nadel und Holzreifen (Ø 20 cm)

Die Spielleitung legt in die Mitte eines jeden Tuches eine kleine Wattekugel, drapiert das Tuch um die Kugel und bindet den Kugelkopf mit der Nähseide ab.
Sie führt das Fadenende mit einer Nähnadel durch die Kugel und befestigt die Gespenster mit unterschiedlich langen Fäden am Holzreifen.
Das fertige Mobile wird über dem Wickeltisch befestigt und fesselt so die Aufmerksamkeit des Babys während des Wickelns.

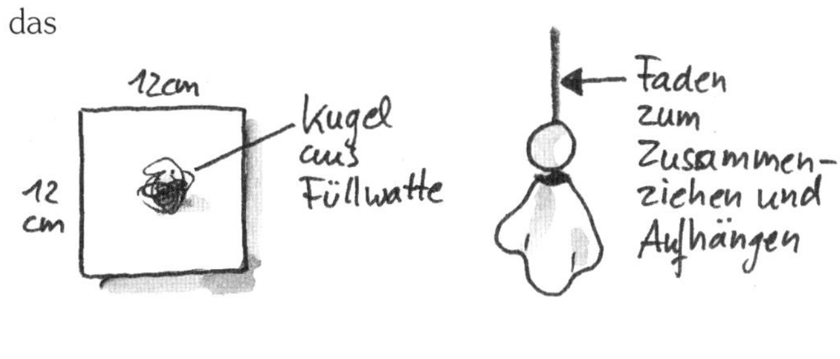

Klingel-Handschuh

Alter: ab 3 Monaten
Material: Fingerhandschuh, 5 kleine Glöckchen, Nähnadel, Faden und Schere

Die Spielleitung näht an die Fingerspitzen eines Handschuhs die Glöckchen fest an.
Fertig ist der Klingel-Handschuh! Der von der Spielleitung gezeigte Klingel-Handschuh regt nicht nur die optische und akustische Wahrnehmung an, sondern bahnt auch die Auge-Hand-Koordination des Babys an.

Strampel-Glöckchen

Alter: ab 4 Monaten
Material: stoffbezogenes Haargummi, kleines Glöckchen, festes Band, Nadel und Schere

Die Spielleitung näht das Glöckchen an das Haargummi an und knotet es mit dem Band außerdem gut fest. Sie befestigt das Glöckchen-Band am Fuß oder Handgelenk des Kindes, das sich durch die Geräusche zum Strampeln und Forschen ermuntert fühlt.

Bilderwürfel zum Tasten und Bauen

Alter: ab 4 Monaten
Material: Schaumstoffwürfel (10 cm × 10 cm), Stoff mit lustigen Motiven, Stoffschere, Nähmaschine und Nähgarn, ggf. 1 kleines Glöckchen

Die Spielleitung schneidet für jede Würfelseite etwa 12 cm × 12 cm große Stoffvierecke zu. So ist genug Stoff zum Zusammennähen vorhanden und der fertige Überzug wird etwas größer als der Würfel, um ihn leicht über den Schaumstoffwürfel ziehen zu können.
Die ersten vier Stoffvierecke werden mit der Nähmaschine miteinander verbunden und das erste Viereck mit dem letzten zusammengenäht. Das fünfte Viereck wird mit der Nähmaschine an der unteren Kante des Würfels befestigt.
Die Spielleitung schiebt den Schaumstoffwürfel zwischen den Stoff und näht dann das letzte Stoffviereck von Hand an, sodass der Würfel geschlossen ist.
Die Würfel regen zum Betrachten der Motive und zum Betasten an. Ab dem ersten Lebensjahr können mehrere Würfel auch zum Bauen verwendet werden.
Hinweis: Werden mehrere Würfel genäht, dann kann in einem Würfel auch ein Glöckchen stecken, das vor dem Einnähen in den Schaumstoff geschoben wird.

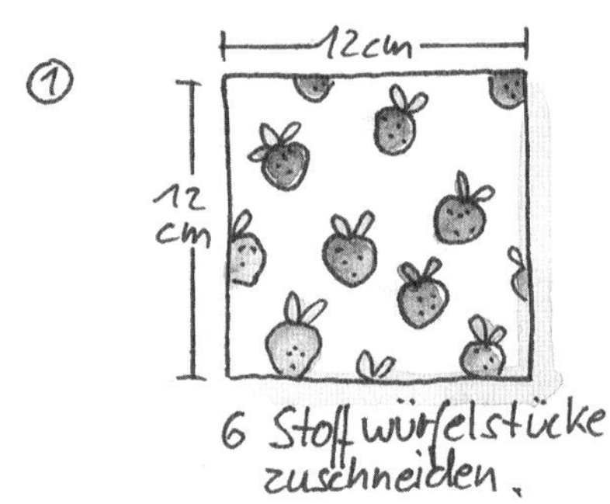

Geheimnisvolle Flaschen

Alter: ab 4 Monaten
Material: Kleine Plastikflaschen mit Schraubdeckel, Inhalt (z. B. abgekochtes mit Wasserfarbe eingefärbtes Wasser, Glitzerschnipsel, bunte Perlen, Alu-Papier-Kugeln, kleines Plastikauto oder Figur, Papierstreifen), Kleber und Isolierband

Die Spielleitung füllt die Flaschen mit unterschiedlichen Materialien und verschließt sie fest mit jeweils einem Schraubdeckel.
Vorher bestreicht sie den Deckel mit Kleber und umklebt ihn anschließend mit dem Isolierband.
Die verschieden gefüllten Flaschen fordern zum Bestaunen und Hantieren heraus. Die optische und taktile Wahrnehmung wird mit diesem Spielmaterial angesprochen und die Auge-Hand-Koordination herausgefordert.

Kuschel-Schlange

Alter: ab 4 Monaten
Material: verschiedene bunte Stoffstücke, roter und andersfarbiger Bastelfilz, Schere, Füllwatte, Nähmaschine

Die Spielleitung näht die verschiedenen Stoffstücke mithilfe der Nähmaschine zu einer Schlange zusammen. An der Kopfseite wird dabei vor dem Nähen die Zunge eingesteckt, die aus rotem Bastelfilz zurechtgeschnitten wird.
Die Spielleitung dreht die Schlange auf die rechte Seite und stopft sie mit Füllwatte aus. Zum Schluss werden die Augen – ausgeschnittene Kreise aus Bastelfilz – mit ein paar Stichen von Hand befestigt.
Fertig ist ein kuschelig-weicher Spielkamerad, der auch für ältere Kinder noch attraktiv ist.

Glitzerzweig-Mobile

Alter: ab 5 Monaten
Material: alte CDs, Schleifenband, Zweig; evtl. Kuchengitter, verschiedene gesammelte Gegenstände

Die Spielleitung befestigt ein Schleifenband an den CDs und verteilt diese am Zweig. Der Glitzerzweig wird mit dem restlichen Schleifenband so aufhängt, dass eine Lichtquelle darin reflektiert wird.

Variante

Statt einem Zweig kann auch ein Kuchengitter für die Herstellung eines Mobiles genutzt werden. Mit einem dünnen Band können verschiedene kleine Dinge, die das Kind auf seinen Erkundungen gesammelt hat, an diesem befestigt werden.

Knopf-Kette

Alter: ab 6 Monaten
Material: mehrere große Knöpfe aus unterschiedlichen Materialien und in unterschiedlichen Formen, festes Band, Schere

Die Spielleitung fädelt die Knöpfe auf das Band auf und bindet als Abstandhalter zwischen den Knöpfen jeweils einen Knoten. Die Knopfkette eignet sich zum Abtasten und Erzeugen von Geräusche.

Seidentuch

Alter: ab 6 Monaten
Material: Seidentuch (30 cm × 30 cm), Seidenmalfarben, Wasser

Die Spielleitung gestaltet ein Seidentuch mit Seidenmalfarbe und Wasser, indem es das Tuch mit der Farb-Wassermischung betropft oder richtig bemalt.
Das Seidentuch kann zum Streicheln, als Kuscheltuch und zum Verstecken benutzt werden.

Entenkugel

Alter: ab 7 Monaten
Material: Acrylglaskugel zum Auseinandernehmen (Bastelbedarf), abgekochtes Wasser, kleine Gummiente, Folienschnipsel, Sekundenkleber

Die Spielleitung füllt in die eine Hälfte der Acrylglaskugel das abgekochte Wasser, die Ente und einige Folienschnipsel.
Sie bestreicht den Kugelrand mit Sekundenkleber und drückt die andere Kugelhälfte sofort auf. Am besten zu zweit arbeiten!

In der Bauchlage kann das Baby zum Aufstützen auf seine Unterarme und Hände und zum Beobachten motiviert werden. Es kann die Kugel anstupsen und hinterher krabbeln oder zum Hantieren ergreifen.
Hinweis: Statt einer Ente könnte auch ein kleiner Flummi oder ein anderes Plastiktier verwendet werden.

Persönliche Collagen

Alter: ab 8 Monaten
Material: Zeitschriften, Fotos, weiße Tonpapierbögen in A3, Bastelkleber

Die Spielleitung stöbert gemeinsam mit dem Baby oder Kleinkind in alten Zeitschriften und Fotos.
Zusammen reißen sie Bilder aus den Zeitschriften aus und stellen diese mit Fotos auf weißem Tonpapier zu einer hübschen Collage zusammen.
Die fertige Collage wird so am Wickeltisch befestigt, dass das Kind sie im Blickfeld hat, um immer wieder neue Details zu entdecken.

Das erste Bilderbuch

Alter: ab 8 Monaten
Material: alte Zeitschriften, Schere, Tonpapierbögen, Bastelkleber, selbstklebende Buchfolie, Locher, Band

Die Spielleitung sucht Bilder aus Zeitschriften heraus, die das Kind beim Durchsehen interessieren und schneidet diese aus.
Aus Tonpapier schneidet sie bierdeckelgroße Kreise aus und beklebt sie mit den Bildern. Anschließend werden die Bilder noch mit Buchfolie bezogen, gelocht und mit einem Band zu einem kleinen Buch zusammengebunden.
Gemeinsam mit dem Baby oder Kleinkind kann das Bilderbuch immer wieder angeschaut werden.
Hinweis: Statt der Bilder aus Zeitschriften ist es auch sehr schön, bestimmte Spielsachen oder Personen aus der nahen Umwelt des Kindes zu fotografieren. Diese werden dann ebenfalls zu einem kleinen Bilderbuch zusammengestellt.

Kinder-Spiegel

Alter: ab 9 Monaten
Material: Schraubdeckel aus Metall, selbstklebende Spiegelfolie

Die Spielleitung spült den Schraubdeckel in der Spülmaschine oder legt diesen nach dem Spülen kurz in kochendes Wasser.
Sie trocknet diesen ab und klebt die Spiegelfolie in den Deckel hinein.
Der kleine Spiegel eignet sich gut dazu, Kinder beim Wickeln abzulenken, denn es entdeckt sein Spiegelbild und nimmt Lichtreflexe wahr.

Tastsäckchen

Alter: ab 9 Monaten
Material: Waschhandschuh aus feinem Frottee oder Stoffbeutel in gleicher Größe, Materialien zum Füllen (z. B. Knisterfolie, kleiner Ball, Legosteine, Wäscheklammern, Teelöffel), Nähmaschine

Die Spielleitung füllt den Waschhandschuhe oder das Säckchen mit jeweils vier unterschiedlichen Materialien und verschließt ihn fest mit der Nähmaschine.
Das Baby oder Kleinkind betastet die Säckchen in seinen Händen und mit seinem Körper. Es fühlt nicht nur die unterschiedlichen Füllungen, sondern kann damit auch Geräusche produzieren.

Balancier-Säckchen

Alter: ab 9 Monaten
Material: Waschhandschuh aus feinem Frottee oder Stoffbeutel in gleicher Größe, feiner, trockener Sand oder getrocknete Bohnen zum Füllen, Nähmaschine

Die Spielleitung füllt die Handschuhe oder Stoffbeutel mit dem Material auf und verschließt diese fest mit der Nähmaschine.
Die fertigen Säckchen können zum Betasten, Balancieren auf verschiedenen Körperteilen und Beschweren des Körpers benutzt werden.
Hinweis: Ältere Kleinkinder mögen es sehr, wenn sie mit den Säckchen zugedeckt werden, und transportieren diese auch gerne auf ihren Rücken.

Handblumenbilder

Alter: ab 10 Monaten
Material: Fingerfarbe in verschiedenen Farben, A3-Fotokarton in hellgrün

Die Spielleitung bestreicht die Handfläche des Babys oder Kleinkindes mit Farbe.
Das Kind druckt die Farbe auf die Pappe auf. Die so entstandenen Handblumen können von der Spielleitung noch mit Stängeln und Blättern versehen werden.
Die Blumenwiese kann dann am Wickeltisch angebracht werden und bietet nicht nur Gelegenheit, darüber zu sprechen, wie sie entstanden ist, sondern ist auch eine schöne Erinnerung an die ersten Monate des Kindes.

Klingel-Ball

Alter: ab 10 Monaten
Material: Tennisball, Teppichmesser, Glöckchen.

Die Spielleitung schneidet den Tennisball an einer Stelle etwas ein, biegt ihn dann auseinander und steckt ein Glöckchen durch die Öffnung.
Beim Schütteln oder Rollen des Balles klingelt das Glöckchen lustig im Ball.
Eine große Freude für jedes Baby und Kleinkind, das je nach Alter zum Ergreifen und hinterherkrabbeln herausgefordert wird.
Hinweis: Ab dem zweiten Lebensjahr kann der Klingelball auch zum Werfen, Rollen, Schießen und Spielen genutzt werden.

Formen-Vielerlei

Alter: ab 10 Monaten
Material: Korb, Würfel, Kugel und Ei aus Holz, Plastik oder Pappe

In einem Körbchen sammelt die Spielleitung verschiedene Materialien, die sie dem Baby zum Hantieren anbieten kann. Die unterschiedlichen Dinge ermöglichen das Erleben der physikalischen Eigenschaften wie Form, Material und Beschaffenheit beim Hantieren und Bewegen der Materialien.
Hinweis: Die Formen sollten so groß sein, dass sie nicht in den Mund des Kindes passen, aber von den Händen gut ergriffen werden können.

Rezept für Fingerfarbe

Alter: ab 10 Monaten
Material: Tapetenkleister, Lebensmittelfarben in Pulverform, leere Joghurtbecher

Die Spielleitung mischt den Tapetenkleister mit verschiedenen Lebensmittelfarben, sodass jeweils ein dickflüssiges Farbgemisch entsteht.
Sie füllt die einzelnen Farben in kleinen leeren Joghurtbechern ab.
Hinweis: Beim Mischen des Kleisters mit der Farbe nur geringe Farbmengen verwenden und die fertigen Becher mit Frischhaltefolie abgedeckt aufbewahren! Nach einiger Zeit sollte das Kleistergemisch auf Verwendbarkeit überprüft werden.

Schau, da steckt der Finger

Dieses Spiel unterstützt die Fingerfertigkeit und Handmotorik des Kindes. Auch die Vorstellungsfähigkeit wird angeregt.

Alter: ab 1 Jahr
Material: fester Fotokarton oder Pappe (Farbe je nach Motiv), spitze Schere, Filzstifte

Die Spielleitung schneidet aus festem Fotokarton Figuren oder Gegenstände aus (z. B. einen Elefanten, eine Schnecke oder einen Apfel). In diese Motive schneidet sie an passender Stelle ein oder zwei runde Öffnungen, damit das Kleinkind hierdurch seine Finger stecken kann: So wackelt beim Elefant der Rüssel, bei der Schnecke werden die Fühler herausgestreckt und beim Apfel schaut ein Wurm heraus.

Steckdose

Alter: ab 1 Jahr
Material: Dose aus Metall oder Pappe mit Plastikdeckel (Durchmesser etwa 10 cm), spitze Schere, 2–3 Wäscheklammern, 4–5 Deckel (z. B. von der Baby-Gläschennahrung)

Die Spielleitung schneidet mit einer spitzen Schere zwei Öffnungen in einen Plastikdeckel. Eine Öffnung hat die Form eines kleinen Vierecks, damit Wäscheklammern aufrecht hindurchpassen. Die andere hat die Form eines schmalen Rechtecks in der Größe des Deckels für die Baby-Gläschennahrung. Mit diesem einfachen Steckspiel kann das Kind mit Formen experimentieren und das Ergebnis seiner Handlung und Wirkung erleben. Denn das Hineinstecken lässt den Deckel verschwinden und macht in der Dose Geräusche.

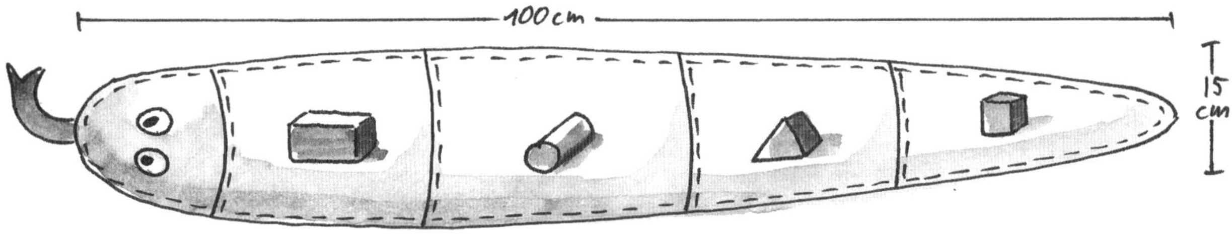

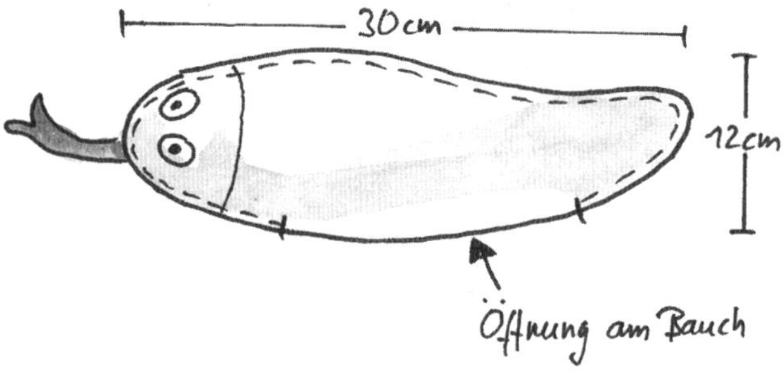

Tastschlange

Alter: ab 2 Jahren
Material: Baumwollstoff, 8 unterschiedliche Bauklötze, Nähmaschine, Nähgarn, roter Bastelfilz, Schere

Die Spielleitung schneidet mit Nahtzugabe aus dem Stoff je zwei Stoffbahnen für eine große Schlange und eine kleine Schlange zu. Die Stoffbahnen werden jeweils der Länge nach gefaltet und an der offenen Seite zusammengenäht. Die fertigen Schlangen haben dann eine Fläche von 100 cm × 15 cm und 30 cm × 12 cm.
Beim Zusammennähen der großen Schlange werden vier unterschiedliche Bauklötze in einzelne Abschnitte des Schlangenkörpers eingenäht, indem die Schlangensegmente mit den Bauklötzen mit der Nähmaschine abgenäht werden. So befindet sich in jedem Abschnitt nur ein Baustein.
Die kleine Schlange wird hingegen in einem Stück zusammengenäht und erhält am Bauch eine Öffnung.
Die Spielleitung schneidet aus dem Bastelfilz pro Schlange zwei Augen und eine Zunge zu und befestigt diese ebenfalls an den Schlangen.
Für das Spiel wird in die kleine Schlange ein Baustein gesteckt. Das Kind fühlt, was die kleine Schlange gefressen hat, und sucht dann den gleichen Baustein im Körper der großen Schlange. Hat es den Stein gefunden, kann die kleine Schlange einen neuen Baustein fressen.

Küchensammelsurium

Alter: ab 2 Jahren
Material: verschiedene Küchenutensilien

Es gibt auch Spielmaterialen, die ohne viel Aufwand hergestellt werden können und sich in jeder Küche befinden. Plastiktöpfe mit Deckeln, Siebe, Untersetzer, Kochlöffel und vieles mehr sprechen alle Sinne des Kindes an, denn sie sind mehrdimensional einsetzbar. Die Materialien aus der Küche haben einen hohen Aufforderungscharakter, da Kinder die Erwachsenen damit beobachten und sie auch damit umgehen wollen.

Anhang

Register

Fantasievolle Spielmaterialien zum Selbermachen:

Adressen und Literatur

Hilsberg, Regina: Körpergefühl – Die Wurzeln der Kommunikation zwischen Eltern und Kind. Reinbek 1989.
Klein, Margarita: Schmetterling und Katzenpfoten – Sanfte Massage für Babys und Kinder. Münster 1999.
Kasprik, Birgit: Wi-Wa-Wunderkiste – Spiel und Bewegungsanimation für Kinder von 1–3 Jahren. Münster 1995.
Landesunfallkasse NRW (Stichwort: Sichere Kita – Wickelraum)
Largo, Remo H.: Babyjahre – Entwicklung und Erziehung in den ersten vier Jahren. München 2011.
Pikler, Emmi: Lasst mir Zeit – Die selbständige Bewegungsentwicklung des Kindes bis zum freien Gehen. München 1992.
Zimmer, Renate: Handbuch der Bewegungserziehung. Freiburg 1993.

Die Autorin

Birgit Kasprik ist Diplom Sozialpädagogin mit den Zusatzqualifikationen in Psychomotorik und Heilpädagogik. Sie arbeitet als Integrationskraft in einem Evangelischen Familienzentrum in Dortmund.

Neben ihrer Arbeit mit Kindergartenkindern organisierte sie lange Zeit Eltern-Kind-Gruppen mit den Inhalten Babymassage und erste Spiel- und Bewegungserfahrungen.

Kinder in ihrer Bewegungs- und Wahrnehmungsentwicklung zu unterstützen, sind auch die Schwerpunkte ihrer täglichen Arbeit im Familienzentrum. Da Kinder, die viele Erfahrungen in diesen Bereichen machen dürfen, viele positive Momente erleben, die ihre Gesamtpersönlichkeit stärken, bietet sie den Kindern gerne Angebote in der Ruheoase oder der Turnhalle der Einrichtung an.

Als Referentin gibt sie ihre Spielideen und Bewegungsanregungen in Fortbildungen für Interessierte weiter.

Birgit Kasprik lebt mit ihrem Mann und ihren zwei Kindern in Dortmund.

Bereits erschienene Veröffentlichungen sind:

- Wi-WA-Wunderkiste – Mit dem Rollreifen auf den Krabbelberg. Münster 1992.
- Bewegungsanregungen für Babys. Meyer und Meyer 2001.
- Veröffentlichungen von Spielideen in: Hier bewegt sich was – Der kunterbunte Farbentopf. Meyer und Meyer 2000.

Die Illustratorin

Anne Wöstheinrich, Dipl. Designerin, geboren 1969 in Beckum, studierte Illustration und Grafik-Design an der Fachhochschule Münster. Seit 13 Jahren arbeitet sie als selbstständige Kinder-, Jugend- und Schulbuchillustratorin für verschiedene Verlage.

Spiele und Förderung für die Kleinsten

Ökotopia Verlag

E-Mail: info@oekotopia-verlag.de
http://www.oekotopia-verlag.de
und www.weltmusik-fuer-kinder.de

Margarita Klein

Mit den Kleinsten im Kontakt

Sicherheit und Vertrauen schaffen: Bindungsförderung und Erziehungspartnerschaft in Krippe und Familie

Ein Buch für die tägliche Praxis, veranschaulicht mit konkreten Beispielen und reich bebildert, für Fachkräfte und Eltern mit Kindern von 0 bis 3 Jahren.

Das Buch gibt Hilfen, die nonverbale Sprache der Kleinen sehen und verstehen zu können. Es gibt Anregungen für interaktives Handeln, um mit dem Kind bei der täglichen Versorgung, bei Massagen, Spiel und Spaß in guter Verbindung zu sein, und bietet den Erwachsenen Ideen, miteinander und mit sich selbst in gutem Kontakt zu sein.

ISBN 978-3-86702-157-9

E. Gulden · B. Scheer

Jetzt ist Krippen-Spielkreiszeit

Gestaltung regelmäßiger Spielkreise für Krippenkinder im Jahreslauf mit altersgerechten Liedern, Versen, Finger- und Rhythmusspielen

ISBN (Buch) 978-3-86702-151-7
ISBN (CD) 978-3-86702-152-4

Sybille Günther

Krippenkinder begleiten, fördern, unterstützen

Über 200 gezielte, spielerische Angebote für Kinder von 0 bis 3 Jahren

ISBN 978-3-86702-063-3

Horst Schwarz (Hrsg.)
Christine Loy, Tanja Jäger, Petra Torscher

Krippenkinder in Aktion

Praxisbuch mit vielen Ideen für spontane und geplante Angebote zur ganzheitlichen Entwicklungsförderung

ISBN 978-3-86702-121-0

Wolfgang Hering

Kunterbunte Fingerspiele

Fantastisch viele Spielverse und Bewegungslieder für Finger und Hände

ISBN (Buch) 978-3-936286-98-4
ISBN (CD) 978-3-936286-99-1

Wiebke Kemper

Rasselschwein & Glöckchenschaf

Mit Orff-Instrumenten im Kinder- und Musikgarten spielerisch musizieren – für Kinder ab 2

ISBN (Buch) 978-3-936286-17-5
ISBN (CD) 978-3-936286-18-2

Margarita Klein

Schmetterling und Katzenpfoten

Sanfte Massagen für Babys und Kinder

ISBN 978-3-931902-38-4

E. Gulden, B. Scheer

Singzwerge & Krabbelmäuse

Frühkindliche Entwicklung musikalisch fördern mit Liedern, Reimen, Bewegungs- und Tanzspielen für zu Hause, für Eltern-Kind-Gruppen, Musikgarten und Krippen

ISBN (Buch) 978-3-936286-36-6
ISBN (CD) 978-3-936286-37-3

SPIEL & RAT
Almuth Bartl

Babys SpieleSpaß

111 Ideen, nützliche Tipps und Anregungen für die Kleinsten

ISBN 978-3-86702-019-0

Elke Schlösser

Sprachliche Entwicklung fördern von Anfang an!

Grundlagen und Praxisanregungen zur Sprachstärkung unter Dreijähriger in Familie, Tagespflege, Kindertageseinrichtung und Familienzentrum

ISBN (Buch) 978-3-86702-100-5
ISBN (MediaBook) 978-3-86702-101-2

Birgit Kasprik

Wi-Wa-Wunderkiste

Mit dem Rollreifen auf den Krabbelberg – Spiel- und Bewegungsanimation für Kinder ab einem Jahr

ISBN 978-3-925169-85-4